जितना तुम्हारा सच है

जितना तुम्हारा सच है

अज्ञेय की सौ कविताओं का एक आत्मीय संचयन

अज्ञेय

सम्पादन
यतीन्द्र मिश्र

वाणी प्रकाशन

वाणी प्रकाशन

4695, 21-ए, दरियागंज, नयी दिल्ली 110 002

शाखा

अशोक राजपथ, पटना 800 204

फ़ोन: +91 11 23273167 *फ़ैक्स:* +911123275710

www.vaniprakashan.in
vaniprakashan@gmail.com

JITNA TUMHARA SACH HAI
by Ajneya
Edited by Yatindra Mishra

ISBN : 978-93-5000-727-3
Poetry

प्रथम संस्करण

आर. टेक ऑफ़सेट, दिल्ली-110095 में मुद्रित

वाणी प्रकाशन का लोगो मक़बूल फ़िदा हुसेन की कूची से

क्रम

मौन का आलोक

सभी सर्जन केवल
आँचल पसार कर लेना।

(*'चिड़िया ने ही कहा'*, आँगन के पार द्वार)

भारतीय साहित्य की प्रशस्त पृष्ठभूमि पर अज्ञेय की कोई एक मौलिक पहचान नहीं बनती, बल्कि वह कई पहचानों से चिन्हित एक ऐसी महत्त्वपूर्ण पहचान में तब्दील होती दिखाई पड़ती है, जिसकी शिनाख़्त आज उनकी जन्म शताब्दी के अवसर पर करना सर्वाधिक प्रासंगिक होगा। अज्ञेय की हिन्दी जगत में शीर्षस्थानीयता इस कारण भी सम्भव हो पायी है कि उन्होंने सभी विधाओं अर्थात कविता, कहानी, उपन्यास, आलोचना, ललित निबन्ध, डायरी, यात्रा-वृत्तान्त, सम्पादन आदि के माध्यम से साहित्य को ज्यादा बड़े परिप्रेक्ष्य में समष्टिमूलक बनाया है। अज्ञेय हिन्दी में आधुनिकता, नयी कविता एवं प्रयोगवाद के स्थापितकर्त्ता रहे हैं। वे अकेले उन बिरले लोगों में रहे हैं, जिन्होंने नयी कविता एवं प्रयोगवाद की स्थापना तथा उसके अवगाहन में हिन्दी के तत्कालीन वर्तमान स्वरूप को एकाएक बदल डाला है। यहाँ इस बात की चर्चा भी प्रासंगिक है कि अज्ञेय ने इस परम्परा की लीक रचते हुए जो आधुनिकता व्यवहृत की, उसमें भारतीयता का समावेश पूरी गरिमा के साथ हुआ है। यह नहीं है कि आधुनिकता लाने के फेर में यह कवि अपने भारतीय परिपार्श्व को कहीं दाएँ या बाएँ रखकर आगे बढ़ा हो। आमतौर पर यह धारणा रही है कि अज्ञेय इन प्रवृत्तियों को हिन्दी में अंगीकार कराने के लिये कुछ अधिक ही हठीले व प्रतिक्रियावादी रहे हैं, परन्तु उनके बहुआयामी रचनात्मक व्यक्तित्व के साथ-साथ, वैचारिक व सैद्धान्तिक स्थापनाओं को देखते हुए इस तर्क को बहुत अधिक बल मिलता नज़र नहीं आता; क्योंकि अपनी विपुल रचना सामग्री में वे अनगिनत ऐसे क्षण छोड़ गये हैं, जहाँ से अज्ञेय के किरदार की पड़ताल सम्भव जान पड़ती है। *'अरी ओ करुणा प्रभामय'* कविता-संग्रह की एक कविता का आत्मस्वीकार देखने योग्य है।

यों मैं कवि हूँ, आधुनिक हूँ, नया हूँ :
काव्य-तत्त्व की खोज में कहाँ नहीं गया हूँ?
चाहता हूँ आप मुझे
एक-एक शब्द पर सराहते हुए पढ़ें।
पर प्रतिमा- अरे, वह तो
जैसी आप को रुचे आप स्वयं गढ़ें।

(नया कवि : आत्म-स्वीकार)

अपने विचारों व लेखन के प्रति पूर्णतया चौकस वे स्वयं ही यह राह सभी के लिये आसान बना देते हैं कि उनके साहित्यिक या सांस्कृतिक व्यक्तित्व की प्रतिमा या किरदार को कोई कैसे गढ़ता है। उनके मित्र एवं सहयात्री विद्यानिवास मिश्र की यह उक्ति अज्ञेय को समझने के लिये एक महत्त्वपूर्ण आधार उपलब्ध कराती है– *"अज्ञेय की जीवन-यात्रा और काव्य-यात्रा आधुनिक हिन्दी कविता और आधुनिक भारत के आवेगों और असंयत-संयत दोनों प्रकार के उबालों; समष्टि से व्यष्टि और व्यष्टि से समष्टि के उदय; स्वप्न-भंग और स्वप्न-भंग से जन्मे गहरे विषाद के सर्वस्वीकारी और सर्वसमर्पित भाव में परिणमन; अपनी भाषाई और सांस्कृतिक अस्मिता की पहचान; अपनी जातीय लय की खोज; पश्चिमी शिक्षा के संस्कार को स्वीकार करते हुए भी अपनी जातीय स्वायत्तता, अपने अखण्ड भारतीय व्यक्तित्व को पाने के लिये अनेक मार्गों के अनुसन्धान- कुछ भटकने के, कुछ सही दिशा में जाने के, कुछ खोने के, कुछ पाने के, अन्ततः कुछ से कुछ और होने के लिये ये मार्ग तलाशे गये और एक के बाद एक त्यागे गये पर ये सभी मार्ग कहीं-न-कहीं हमारे व्यक्तित्व के अंग बने– का समवर्ती इतिहास है।"* (अज्ञेय काव्य स्तबक, पृ. 15)

जाहिर है कि अज्ञेय इस लिहाज से सभी मार्गों पर चलकर किसी एक मार्ग को अख्तियार करते हैं। या हम इसे इस तरह कह सकते हैं कि एक संवेदनशील कवि मन संयत भाव से अपने स्वप्न भंगों से गुजरता हुआ भीतर के आवेगों को बार-बार स्वयं के लिये आविष्कृत करता है। वे एक ऐसी सांस्कृतिक और जातीय स्वायत्तता की खोज के लिये स्वयं को जवाबदेह बनाते हैं, जो अभी तक उनके अर्थों में पूरी तरह इस देश और संस्कृति पर आरोपित नहीं हो सकी है। एक अर्थ में अज्ञेय उतने ही समष्टिमूलक हैं, जितना कि वे ऊबड़-खाबड़ रास्तों पर बार-बार भटकने के बाद अपनी व्यष्टिपरकता को तिरोहित करते जाते हैं। दरअसल अज्ञेय को समझने के लिये कोई भी मॉडल, तकनीकी, युक्ति या स्थापना बहुत कारगर नज़र नहीं आती। वे एक ऐसी प्रखर भारतीय वैचारिक उपस्थिति हैं, जिनका सामान्य अर्थों में कोई एक सरलीकृत विश्लेषण नहीं किया जा सकता। शायद इसीलिए उन्हें युगद्रष्टा कवि होने का श्रेय हासिल है। शायद इसीलिए अज्ञेय की उपस्थिति समयातीत है। शायद इसी कारण आज उनकी जन्म शताब्दी के मौके पर एक बार नये सिरे से कविताओं का संचयन संजोते समय एक युवा कवि मन, बार-बार उन्हीं प्रश्नों और द्वन्द्वों से बावस्ता है, जिसकी कालजयी निशानदेही अनगिनत बार अनेक वरिष्ठ व मूर्धन्य रचनाकारों व आलोचकों के हिस्से में अज्ञेय-साहित्य के अवगाहन के चलते आई हुई है। अज्ञेय में मौजूद कई परतों वाली उनकी काव्यजनोचित प्रतिभा तथा कई स्तरों पर चलने वाली वैचारिक यात्रा को वे स्वयं अपनी एक अन्तःप्रक्रिया द्वारा स्पष्ट करते हैं– *"एक उदासी होती है, जो यात्रा आरम्भ करते कोई जगह छोड़ने की होती है। एक दूसरी उदासी होती है, जो यात्रा के अन्त में कहीं पहुँचने पर एकाएक घेर लेती है : मानो जब तक यात्रा चालू थी, तब तक इस के चंगुल से बचा हुआ था, अब अन्त में या रुकते ही– अब निकलकर कहाँ जाऊँगा? कहाँ 'पहुँचा' हूँ इस 'यात्रान्त' में– यह क्या पहुँचना है, यह क्या यात्रान्त है? केवल इस सूनेपन की पहचान है, जिस*

से अपनी तरफ़ से तो बच कर भागा था यात्रा पर- और जिस की गिरफ़्त में स्वयं आ पड़ा हूँ!....” (शेषा, पृ. 75)

एक यात्रा से दूसरी यात्रा के बीच का सूनापन तथा यात्रान्त के समय घेर लेने वाली उदासी ही अज्ञेय की कविता तथा वाग्मिता दोनों की ही धुरी है। इस उदासी और सूनेपन को जिस निर्ममता के साथ उनकी कविताएँ विगलित करती हैं, ठीक उसी तरह उन कविताओं की आन्तरिक ध्वनियाँ सूनेपन तथा उदासी का लम्बा-चौड़ा अछोर रच देती हैं; इन्हीं के बीच बसने वाली अज्ञेय की भाषाई, साहित्यिक, वैचारिक तथा कलात्मक दुनिया के बीच वह सहृदय पाठक फँसा हुआ है, जिसके हिस्से में मात्र धैर्य का एक लम्बा अनुभव ही मौजूद है। यह धीरता यदि पाठक या उसके आलोचक को हासिल नहीं है, तो मुझे लगता है कि अज्ञेय का पूरा रचनात्मक बाना उसकी हाथ से छूट अवश्य जायेगा। यदि कोई सिरा किसी तरह हाथ आया भी, तो वह उतना ही अधूरा होगा, जितना कि अज्ञेय की रचनाओं में पसरा सन्नाटा और सूनापन है। इस सूनेपन और सन्नाटे के बीच से बोलने वाली आवाज़ और उसकी अपनी आन्तरिक लय ही पाठक का वह अर्जित सत्य है, अज्ञेय जिसे चुपचाप साहित्य को सौंप देते हैं। यह अकारण नहीं है कि अज्ञेय काव्य-भाषा को सत्य की अभिव्यक्ति का ही माध्यम नहीं मानते, उसको पाने का भी माध्यम मानते हैं। शायद इसीलिए किसी अनन्तिम सत्य अथवा रचना का सत्य पाने के फेर में उनकी कविताओं, कहानियों, निबन्धों तथा उपन्यासों में इतना सन्नाटा पसरा हुआ है। हालाँकि यह देखना भी सुखद है कि पाठकों से अपनी रचनाओं के प्रति असीम धैर्य की मंशा रखने वाले इस कवि के यहाँ धीरज कितनी बेलौस उदात्तता के साथ यात्रा करता रहा है—

आज तुम शब्द न दो, न दो, कल भी मैं कहूँगा

तुम्हें पहचानता हूँ
माँगो तुम चाहो जो : माँगोगे, दूँगा; तुम दोगे जो मैं सहूँगा

आज नहीं, कल सही
कल नहीं, युग-युग बाद ही :

(आज तुम शब्द न दो)

अज्ञेय साहित्य की चर्चा के समय बहुत सारी बातों के सूत्रों को आपस में एक रस्सी के रूप में बँटना भी जरूरी जान पड़ता है। यदि हम ऐसा कोई जतन नहीं कर पाते हैं या उसे थोड़ी देर के लिये स्थगित करते हैं, तो यह बहुत वाजिब है कि अज्ञेय का पूरी समग्रता में कोई पाठ फिर शायद ही सुनिश्चित किया जा सके। मसलन कि उनका जन्म जहाँ कुशीनगर के एक खुदाई शिविर में हुआ, वहीं बचपन पिता की छत्रछाया में पुरातत्त्व केन्द्रों के बीच बीता। वे पढ़ाई पूरी भी न कर पाये थे कि क्रान्तिकारियों के मार्ग पर आगे बढ़े और बम बनाने के आरोप में गिरफ्तार हुए, जेल गये। छूटने पर लाहौर गये, जहाँ नज़रबन्द भी रहे। बाद में सेना की नौकरी की, जिसे छोड़कर पत्रकारिता में आए। इन्हीं सबके बीच होते हुए साहित्यिक कर्म को हमेशा के लिये अपना लिया। इतने विविधतापूर्ण और साहसिक रास्तों से होता हुआ अज्ञेय

का रचनाकार व्यक्तित्व हमें सुलभ हुआ है। इन सबको आपस में जोड़कर या कि एक रस्सी की भाँति एक में बुनकर जो स्वरूप बनता है– उसे कम से कम कोई एक संज्ञा नहीं दी जा सकती। वह जिस तरह के अप्रतिम किरदार की रचना करती है, वह एक ओर प्र[illegible]त-प्रेमी *यायावर* हो सकता है, तो दूसरी तरफ अपने निर्णयों में अकसर *दुःसाहसी*। किसी छोर पर साहित्य तथा संस्कृति के सरोकारों को अन्तिम सत्य तक ढूँढ़ने वाला *सत्यान्वेषी* तो अन्य किसी छोर पर भारतीय स्वाधीनता की लड़ाई से लेकर मनुष्य की स्वायत्तता को अर्थ देने वाला *स्वातन्त्र्यचेत्ता* नागरिक। दरअसल अज्ञेय ऐसे ही हैं, और इसी कारण वह पूरी भारतीय साहित्य मनीषा में एक ऐसा चरित्र बन पाये हैं, जिसकी कई रंगों और परतों वाली पड़ताल आगे भी निर्बाध रूप से जारी रहेगी।

अज्ञेय के पहले कविता संग्रह *'भग्नदूत'* 1933 से लेकर अन्तिम कविता संग्रह *'ऐसा कोई घर आपने देखा है'* 1986 तक उनकी अन्तश्चेतना के ढेरों सोपान तक उनके जीवन के तमाम सारे किरदारों को आपस में जुड़ते हुए जीवनानुभवों की आन्तरिक लय पर अन्तःसलिल देखा जा सकता है। उनकी कविताओं की पाँच दशकों में फैली लम्बी और महाकाव्यात्मक यात्रा में सांस्कृतिक अस्मिता का बोध, जातीय स्मृति की संरचना और समय तथा काल चिन्तन को उनकी स्वयं की विकास प्रक्रिया के रूप में भी हम आँक सकते हैं। यह अकारण नहीं है कि हिन्दी पुनर्जागरण काल के दौरान, छायावादी वृत्तियों को तोड़ते हुए नयी कविता व प्रयोगवाद की जमीन रचने वाला यह कवि परम्परा और वर्तमान के बीच एक विद्रोही की भाँति हिन्दी के परिदृश्य पर सामने आता है। यह विद्रोह तथा वर्तमान के प्रति द्वन्द्व की स्पष्ट खरोंचों को यदि हम *'भग्नदूत'*, *'चिन्ता'* या *'इत्यलम्'* में देखते हैं, तो जीवन के उत्तरार्ध और लगभग विश्रान्ति काल तक पहुँचते-पहुँचते उनकी कविताएँ *'मरुथल'* और *'ऐसा कोई घर आपने देखा है'* के निर्वेद में रूपान्तरित होती नज़र आने लगती है। अज्ञेय स्वयं कहते हैं–

घर
मेरा कोई है नहीं
घर मुझे चाहिए :
घर के भीतर प्रकाश हो
इसकी भी मुझे चिन्ता नहीं है;
प्रकाश के घेरे के भीतर मेरा घर हो-
इसी की मुझे तलाश है
ऐसा कोई घर आपने देखा है?

(घर)

प्रकाश के गोल घेरे के भीतर ही अज्ञेय अपना निवास बनाना चाहते हैं। जाहिर है कि प्रकाश के भीतर मौजूद जो कुछ भी वरेण्य व काम्य है उसकी प्रतिश्रुति घर से ज्यादा किसी

स्थायी प्रत्यय में विसर्जित नहीं हो सकती। यह अर्थमयता, जो कवि इस कविता में अर्जित कर पाया है- वह मात्र कविता लिखने भर से तो नहीं ही हासिल हो सकती है। अज्ञेय ने स्वयं के जीवन को साहित्य और शब्दों के प्रति इतना अधिक पारदर्शी व तरल बनाया है कि उनकी चिन्तना के अनेक पलों में वे विचार कविता की रूह में ढलकर वैसे ही अमिट बन गये हैं, जैसे स्वयं कविता की इस पूरी सदी पर अज्ञेय की एक मजबूत व मुखर उपस्थिति।

कई बार लगता है, अज्ञेय शब्दों से कौतुक नहीं करते वरन उनके यहाँ आग्रहपूर्वक शब्दों की मितव्ययता पर काम होता रहा है। बहुत कम शब्द या कि शब्दों की अत्यन्त जरूरी उपस्थिति ही उन्हें किसी शब्द को बरतने की अतिरिक्त सहूलियत देती है। अन्यथा वे उससे सम्मानजनक दूरी बनाते हुए चुपचाप विलग हो जाते हैं। उनके यहाँ शब्दों का संयम देखकर सहसा शमशेर बहादुर सिंह याद आते हैं, जो उनके समकालीन भी थे और जिनको जोड़कर हिन्दी के दो विविध स्वर कविता का एक सुन्दर वृत्त पूरा करते हैं। अज्ञेय की ढेरों कविताएँ जिनमें शब्द-संयम, साहित्यिकता के मानक पर एकबारगी चमक उठा है; वे हैं- *छन्द, नन्दा देवी, जीवन मर्म, काँपती है, प्यार, देहरी पर, सान्ध्य तारा, सागर पर भोर, मैंने देखा एक बूँद, पूनों की साँझ, सोन-मछली, दीप पत्थर का, धरा-व्योम, द्वारहीन द्वार, नदी तट : एक चित्र, सो रहा है झोंप, साँप, पराजय है याद, पलकों का कँपना, रात में गाँव* आदि कविताएँ। दरअसल शब्दों से अलग, लेखन में भी मितव्ययता के हिमायती अज्ञेय की यह स्वीकारोक्ति रही है कि जब तक बहुत जरूरी या महत्त्वपूर्ण न लगे, लिखना गैरजरूरी है। अपनी अन्तःप्रक्रियाओं की किताब *'शाश्वती'* में कम लिखने पर विचार करते हुए वे पेड़ से संवाद के माध्यम से एक दिलचस्प आख्यान रचते हैं। यहाँ पेड़ को कवि से शिकायत है कि जब-जब कोई लिखता है, वह लम्बी साँस लेकर सोचता है कि छपेगा तो यह पेड़ की लुगदी पर ही। और यह पेड़ काटने का एक और निमित्त बनेगा। इसी के आगे अज्ञेय लिखते हैं- *"पेड़ के साथ कविता का एक यह भी रिश्ता है। इतना साफ़ नहीं दिखा था न.... कम लिखो। जब तक अनिवार्य न हो मत लिखो। जितना बनाना-सँवारना है, मानस में ही कर के तब रूप को क़ाग़ज पर उतारो- जितना घना, छोटा, गठीला बना कर सम्भव हो...."* (शाश्वती, पृ. 22)

इस बहाने हम अज्ञेय की रचना-यात्रा में कुछ ऐसे प्रस्थान बिन्दुओं तक पहुँचते हैं, जहाँ यह देखना अध्ययन का विषय हो सकता है कि कुछ चीज़ें या उपस्थितियाँ- एक स्थायी जरूरत की तरह अज्ञेय की काव्य प्रक्रिया के चारों ओर घूमती हैं। इन उपस्थितियों की इतनी ठोस और तर्कपूर्ण ज़मीन अज्ञेय ने स्वयं की रचना के लिये इस तरह बनायी हुई है कि उसकी सैद्धान्तिक दीवार को भेद पाना किसी आस्वादक या पाठक के लिये मुश्किल भरा काम है। इस लिहाज से लेखन में अल्पता, कविता में मौन की मुखर अभिव्यक्ति, जीवन और मूल्यों को लेकर शाश्वत से प्रश्न की जद्दोजहद, मृत्यु और मृत्यु से इतर समाज से संवाद, प्रकृति के लगभग सभी अवयवों से बेहिचक आत्मीय संलाप, समाज में अध्यात्म की गुंजाइश पर बहस तथा समय के साथ न जाने कितने तरीकों से कालचिन्तन- यह सब एक कवि अज्ञेय के

वैचारिकता के आँगन के विमर्शपरक विषय ही नहीं हैं, बल्कि वह उनके निबन्धों, कहानियों तथा उपन्यासों में भी पूरी ऊष्मा के साथ उद्घाटित हो सके हैं।

उनकी कई कविताओं का पुनर्पाठ या पुनर्मूल्यांकन जैसा कुछ किया जाये, तो अकसर यह लगता है कि वहाँ पर एक जिम्मेदार भाव से प्रजातांत्रिक संवाद होता रहा है। उन जगहों पर अज्ञेय की कवि दृष्टि स्वतंत्र और लोकतांत्रिक है, जड़ या ठस नहीं। वहाँ खुलापन है, वर्चस्व का अड़ियल बोध नहीं। यह हो सकता है कि कई बार रचना अपने पहली बार के पाठ में भव्यता और परिष्कार लिये हुए हमें चकित करे, मगर वह उसी क्षण पूरी साहित्यिकता के साथ हमसे संवादरत भी होती है। धीरे-धीरे उसका सानिध्य और खुलापन कुछ इस कदर भाता है कि इस सिलसिले में हमें वह रचना कई स्तरों पर अपने बहुलार्थों के साथ मूल्यपरक लगने लगती है। यह अकारण नहीं है कि अज्ञेय के अवसान के लगभग पच्चीस वर्षों बाद और उनको लगातार आप्रसंगिक करार दिये जाते रहने के बावजूद, उनका अधिकांश साहित्य समकालीन और समीचीन लगता है। फिर वह परम्परा के प्रतीक-बिम्बों का पुनरान्वेषण करने वाली कविता श्रृंखला *'चक्रान्त शिला'* की कविताएँ हों या कि आज लगभग क्लॉसिक का दर्जा पा चुकी *'असाध्य वीणा'* जैसी कविता। प्रकृति-पर्यवेक्षण की अनेकों सुन्दर कविताएँ हों या कि उनकी समष्टि चेतना को रेखांकित करने वाली ढ़ेरों वैचारिक कविताएँ। हर जगह अज्ञेय बार-बार प्रासंगिक बनकर लौटते हैं। कुछ उदाहरणों से इस बात को समझा जा सकता है कि आज भी उनके वे बिम्ब, प्रतीक, सादृश्य, उपमान और भंगिमाएँ अर्थहीन नहीं हुए हैं—

देवता अब भी
जलहरी को घेरे बैठे हैं
पर जलहरी में पानी सूख गया है।

देवता भी धीरे-धीरे
सूख रहे हैं
उनका पानी मर गया है।

('मरुथल' श्रृंखला से)

कितनी दूर जाना होता है पिता से
पिता जैसा होने के लिए।
पिता भी
सबेरे चाय पीते थे।
क्या वह भी
पिता के बारे में सोचते थे—
निकट या दूर?

(चीनी चाय पीते हुए)

न मुझे देखते हैं जो नाचता है
न रस्सी को जिस पर मैं नाचता हूँ
न खम्भों को जिस पर रस्सी तनी है
न रोशनी को ही जिसमें नाच दीखता है
लोग सिर्फ़ नाच देखते हैं।

(नाच)

प्रकृति के प्रति अज्ञेय की ईमानदारी, सूक्ष्मता, पर्यवेक्षण कौशल तथा अनुभव सान्द्रता अलग से ध्यान आकर्षित करती है, जिस पर साहित्यिक विमर्श कुछ बेहद सारगर्भित नतीजे मुहैया करा सकता है। प्रकृति के प्रति अज्ञेय का यह अनुराग इतना मर्मस्पर्शी और सहज रहा है कि बहुत सारी कविताओं से कुछ आन्तरिक पंक्तियों को अलग हटाकर पढ़ने से एक नये ढंग का अर्थ वैशिष्ट्य देखने को मिलता है। प्रकृति की संवेदना को जितना विलक्षण और चाक्षुष रंग-रोगन अज्ञेय दे पाये हैं, वह उनके समकालीनों में मुश्किल से मिलती है। अज्ञेय काव्य की यह प्रकृति प्रदत्त असाधारण विशेषता अलग से ध्यान देने योग्य है। मसलन–

सूप-सूप भर
धूप कनक
यह सूने नभ में गई बिखर

(धूप)

कभी बदली की तहों में डूब जाता है
सुलगता लाल दिन का
बलाका रेख-सी स्मृति की
कभी नभ पार करती चली जाती है।

(सन्ध्या तारा)

भोर का बावरा अहेरी
पहले बिछाता है आलोक की
लाल-लाल कनियाँ
पर जब खींचता है जाल को
बाँध लेता है सभी को साथ।

(बावरा अहेरी)

पकी ज्वार से निकल शशों की जोड़ी गयी फलाँगती
सन्नाटे में बाँक नदी की जगी चमक कर झाँकती!

(कतकी पूनो)

शशि गगन-पार हँसे न हँसे - शेफाली आँसू ढार चली!
नभ में रवहीन दीन बगुलों की डार चली;

(क्वाँर की बयार)

घास रही हुलसानी
मानिक के झूमर-सी झूमी मधु-मालती
झर पड़े जीते पीत अमलतास
चातकी की वेदना बिरानी।

(पानी बरसा)

अज्ञेय का यह प्रकृति-राग अकसर उनकी प्रेम कविता का भी बुनियादी सरोकार बनता है और कई बार उसमें काया और आत्मा की एकान्त सन्लिप्तता का उत्सव होता हुआ दिखाई देता है। उनकी पूरी कविता-यात्रा में प्रेम व आत्मीयता के हार्दिक पलों से लेकर आत्मदान और एकान्त साधना के तमाम क्षणों में प्रकृति अपनी गहरी और प्रामाणिक भूमिका अख्तियार करती है। इस उपक्रम में वे उस अमूर्तन की दुनिया में भी सहज ही चले जाते हैं, जहाँ पर प्रकृति के ढेरों सुन्दर बिम्ब उसकी व्याख्या में कविता को कई बार मांसल ऐन्द्रिकता देने से भी गुरेज़ नहीं करते। यहाँ फिर यह तय कर पाना मुश्किल हो जाता है कि वह कविता कितनी प्रकृति स्पन्दन की कविता है और कहाँ से वह अपनी ऐन्द्रिकता आविष्कृत करती है। यह द्विधा और ऐन्द्रिक व प्राकृतिक के बीच का सन्तुलन– *'भाले की अनी-सी बनी बगुलों की डार', 'चुपचाप सरकती है नदी', 'दूर्वा की पत्ती-सा नतमस्तक करूँ प्रतीक्षा', 'यों अपने को पाने दो', 'धुँधले में दुबके प्रेमी बैठे हैं', 'उस पार की रेती उदास है', 'सपने की एक किरण मुझ को दो ना', 'अर्थ हमारा जितना है सागर में नहीं, हमारी मछली में है'* तथा *'यह सूरज का जपा-फूल नैवेद्य चढ़ चला'* जैसी अधिसंख्य पंक्तियों में पूरे उन्मेष पर नज़र आता है। यहाँ अशोक वाजपेयी की स्थापना भी इसी अर्थ में पढ़नी चाहिए– *"अज्ञेय की चारित्रिक मुद्राएँ ज्यादातर यात्री या यायावर और दाता की हैं। ये मुद्राएँ अज्ञेय के अलगाव और मानवीय उलझाव की अपेक्षाकृत कमी की नाटकीय गवाही-सी देती हैं। यह आकस्मिक नहीं है कि उनका काव्य-संसार ज्यादातर प्राकृतिक उपादानों और अमूर्तनों से गढ़ा गया है। उसमें मानवीय उपस्थिति अपेक्षाकृत बिरली ही है, हालाँकि यहाँ यह जोड़ना जरूरी है कि बावजूद इसके अज्ञेय का काव्य-संसार एक स्वायत्त संसार है।"* (अकेलेपन का वैभव, पृ. 22) शायद इसी कारण अज्ञेय मानवीय उपस्थिति के बरक्स *मछली, सागर,* नदी, *नाव, जल, फूल, लहर, वन, सेतु, पथिक, नन्दा देवी, सूर्य, झरना, प्रपात, बूँद, चिड़िया, रात, साँझ, तारा* आदि से एक वृहत्तर आत्मीय संसार रचते हैं, जो उतना ही स्वतंत्र और प्राणवान है, जितना कि मनुष्य की उपस्थिति और उसके स्वातंत्र्य का बोध।

अज्ञेय की कविता में एक विचित्र किस्म का अध्यात्म चिन्तन या आध्यात्मिकता की तामीर होती हुई दिखायी पड़ती है, जो कुछ-कुछ उसी छायावादी रहस्यवाद का कई बार नाटकीय विस्तार लगती है, जिसे तोड़ने के लिये ही वे सप्तकों की ऐतिहासिक अवधारणा लेकर आये थे। मगर उन्हीं कविताओं से एक दूसरा अर्थ भी उसी क्षण पैदा होता हुआ लक्ष्य होता है, जो छायावाद से दूर एक सादगी भरे अध्यात्म की झिलमिल की ओर ले जाता है। हमें अज्ञेय काव्य में आध्यात्मिकता की उपस्थिति के सन्दर्भ में इस बात का भी ध्यान रखना चाहिए कि अज्ञेय एक बहुपठित व यायावर लेखक रहे हैं, जिन्होंने दुनिया भर की यात्रा के अलावा ज़ेन दर्शन तथा बौद्धों के अध्यात्मवाद को भी आत्मसात किया है। इस बारे में नन्दकिशोर आचार्य की स्थापना काबिलेगौर है– *"अज्ञेय में क्रमशः विकसित होती जाती आध्यात्मिक संवेदना भारतीय परम्परा से सहज उत्तराधिकार में प्राप्त नहीं है। वह तीव्र व्यथा में से गुजरकर अपनी साधना से अर्जित संवेदना है.... अज्ञेय इसीलिए उसका समाधान भी उसी स्तर पर तलाश करते हैं, क्योंकि सब कुछ में एक आध्यात्मिक रिश्ते के बोध के अन्वेषण में ही सारी वेदना का, परिताप का और उसके कारणों का भी समाधान है। इन कविताओं में अज्ञेय की संवेदना एक गहरा आध्यात्मिक संस्कार ग्रहण करती है और उस 'मौन' में सभी अर्थों को खोजती और पाती है, जो औपनिषदिक चिन्तन, बौद्ध दर्शन, ज़ेन दृष्टि और ईसाई रहस्यवाद और अन्य परम्पराओं की साझी थाती है।"* (संचयिता : अज्ञेय, पृ. 26)

एक-दो उदाहरणों से इस बात को रेखांकित करना चाहूँगा–

फूल को प्यार करो पर झरे तो झर जाने दो,
जीवन का रस लो : देह-मन-आत्मा की रसना से
पर जो मरे उसे मर जाने दो।

(विज्ञप्ति)

उस अलक्षित, अपरिमेय निमिष में
मैं तुम्हारे पास जाता हूँ, पर
मैं, जो होने में ही अपने को छलता हूँ–
यों अपने अनस्तित्व में तुम्हें पाता हूँ।

(नाता-रिश्ता)

रूपों में एक अरूप सदा खिलता है,
गोचर में एक अगोचर, अप्रमेय,
अनुभव में एक अतीन्द्रिय,
पुरुषों के हर वैभव में ओझल
अपौरुषेय मिलता है।

(चक्रान्त शिला-1)

न जाने कितनी ऐसी अन्य अमर काव्य पंक्तियाँ हैं, जो बरबस याद आती हैं; जिसमें अज्ञेय एक बड़े युगद्रष्टा कवि के रूप में उभरते हैं। जिन कविताओं की ध्वनियाँ, काव्यार्थ और मूल्य उन्हें सांस्कृतिक, सामाजिक, वैचारिक और राजनीतिक आशयों के प्रति सचेत व जिम्मेदार कवि-विचारक बना पाये हैं, उसमें कुछ इसी तरह के अध्यात्मबोध की कविताएँ भी मुखरता से शामिल रही हैं। इसी आध्यात्मिकता और वैचारिक सूक्ष्मता का एक सिरा वह भी है, जहाँ अज्ञेय अपनी कविता को एकदम सूत्रवत या मितकथन का हिमायती बनाते रहे हैं। यह कवि-आलोचक अशोक वाजपेयी ने ठीक ही लक्ष्य किया है कि आधुनिक कविता में वे एकमात्र ऐसे कवि ठहरते हैं, जिनके यहाँ सूक्ति और सुभाषितों की एक अटूट परम्परा है। वे नयी कविता के ऐसे अनूठे एवं प्रामाणिक सूक्तिकार कवि-चिन्तक बनकर उभरते हैं, जिनकी कुछ सुभाषितों सरीखी काव्यपंक्तियाँ देखने लायक हैं। वरिष्ठ रचनाकार निर्मल वर्मा इन सूक्तियों और विचार सूत्रों को एक लम्बी यात्रा से अर्जित किये हुए शंकालु, अनिश्चित, विकल-सत्य नहीं- बल्कि ऐसे साफ-सुथरे अनुभव-सत्य मानते हैं, जो लेखक के पास पहले से ही उपलब्ध थे। (आधुनिक बोध की पीड़ा-अज्ञेय, पृ. 44) इन विचार-सूत्रों के पीछे की लेखकीय अन्तर्दृष्टि को परखने पर यह सत्य हमें हासिल होता है कि एक निजी किस्म की संवेदनशीलता ने अज्ञेय के इन काव्य-सूत्रों को बौद्धिक गर्माहट प्रदान कर दी है, जो कविता व पाठक दोनों के लिये ही जरूरी व वांछनीय थी। अज्ञेय की अधिसंख्य कविताओं से चुनकर ढेरों ऐसी टीपें आसानी से याद की जा सकती हैं, जहाँ सुभाषित सी लगती उन पंक्तियों के ध्वन्यार्थों की आभा पूरी वैचारिक गरिमा के साथ प्रकट हुई हैं। मसलन- *दुःख सबको माँजता है, एक दिन चुक जायेगी ही बात, मैं सन्नाटे का छन्द हूँ, रूपों में एक अरूप सदा खिलता है, यह अनुभव अद्वितीय जो केवल मैंने जिया-सब तुम्हें दिया, मैं देख रहा हूँ अपने को ही झरते, ये उपमान मैले हो गये हैं, हम अतीत के शरणार्थी हैं, मरणधर्मा है सभी कुछ, व्योम से झरी रुपहली करुणा, सभी सर्जन केवल आँचल पसार कर लेना* – जैसी अनगिनत मार्मिक पंक्तियाँ एकाएक याद आती हैं और अपने स्मरण के साथ अर्थ की आभा को वैसे ही रंग देती हैं, जैसे स्वयं अज्ञेय साहित्य में समुद्र के झाग की एक बूँद तपते सूरज की आग से रंगी जाती है।

अज्ञेय की कविता में विध्वंस नहीं है। वे जिस यथार्थ को मनुष्य की चेतना व उसकी स्वाधीनता के सन्दर्भ में प्रतिरोध की भाषा में रचते हैं, वहाँ भी पूरे अस्वीकार या गहरे व्यंग्य के बावजूद टूटने नहीं देते वरन् जोड़ते हैं। एक हद तक उनका प्रतिरोध समाज तथा आम नागरिक के प्रति गम्भीर दायित्वबोध से उपजा हुआ प्रतिरोध है। जाहिर है, इस कारण उनकी मूल्यदृष्टि किसी पर व्यक्तिगत प्रहार करने से ज्यादा इस बात के तर्क के समर्थन में खड़ी नज़र आती है कि वह व्यक्तित्व की खोज़ करती है या नहीं, वह मौन के रूपक में अपना नोट ऑफ डिसेन्ट दर्ज़ करती है या नहीं, वह भाषा और ध्वनियों की तमाम भंगिमाओं पर सीधी या वक्र निगाह रखती है या नहीं– साथ ही वह सब कुछ को छूते हुए भी सत्य की उस सातत्य धारा

से जुड़ती है या नहीं, जो उनके क्रान्तिकारी जीवन से लेकर बाद तक उनमें स्थायी स्वर की तरह मौजूद रही। अज्ञेय हिन्दी की नयी कविता में कुछ-कुछ उस तरह का विद्रोही स्वर रहे हैं, जैसा कि भारतीय स्वाधीनता संघर्ष एवं नवजागरण काल में दूसरे क्षेत्रों में रवीन्द्रनाथ टैगोर, रुक्मणी देवी अरुण्डेल, उस्ताद अलाउद्दीन ख़ाँ या जैनेन्द्र कुमार जैसे मूर्धन्य। प्रतिरोध की एक सकारात्मक परम्परा में क्षुद्रतर का निषेध और बृहत्तर का अंगीकार करते हुए दमकते नक्षत्र की तरह। एक ऐसे खुले आमंत्रण के साथ, जहाँ सारे सर्जन को आँचल पसार कर लेना और मौन-मुखर सब छन्दों में उस एक अनिर्वच छन्द मुक्त को गाना जरूरी था।

मौन, एकान्त तथा *अकेलापन* कुछ ऐसे प्रत्यय हैं, जो अज्ञेय-साहित्य से गहराई से जुड़े होने के साथ अपनी प्रासंगिकता को पूरी गम्भीरता से उजागर करते आये हैं। उनके मौन का विवरण तथा उसकी तमाम प्रकार से होने वाली विवेचना, यह भी संकेत करती है कि अज्ञेय अपने विचारों तथा उनके शब्दबद्ध होने के अन्तरालों में मौन की जो उपस्थिति रचते हैं– वह अनायास न होकर भी आत्मचिन्तन का ही एक पहलू है। अज्ञेय के प्रशंसकों से लेकर निन्दकों तक, एक लम्बी जमात है जो उनके मौन को लेकर अकसर सशंकित या अनुदार रही है। कभी-कभी लगता है कि वे रचना से ज्यादा अपनी मौन की अभिव्यक्ति का कौशल जीवन भर साधते रहे। यह चुप्पी या निर्वेद किसी भी प्रकार के दबावों या विरोध की परवाह न करते हुए उन्होंने अर्जित की। अज्ञेय साहित्य के सुधी आलोचक डॉ. रामस्वरूप चतुर्वेदी का यह बयान उनकी मौन अभिव्यक्ति के सन्दर्भ में देखना चाहिए– *"भाषा की अनेक भंगिमाओं को निखारते-निखारते उन्होंने भाषा का सबसे प्रभावी रूप 'मौन' के स्तर पर अनुभव किया है। इस पर 'मौन' से शैथिल्य नहीं तनाव व्यंजित होता है।.... अज्ञेय के सन्दर्भ में यह 'मौन' मितकथन है, कहने और कहने के बीच अनकहना है, तथा और गहरे स्तर पर आत्मदान का भाव है, जहाँ बोलना मानो आक्रमण है, मौन ही अपने को दे देना है।"* (अज्ञेय और आधुनिक रचना की समस्या, पृ. 161)

इसी कारण अज्ञेय मौन से इतना एकात्म होते हैं क्योंकि वे यह अच्छी तरह जान पाये हैं कि मौन ही वह युक्ति है, जहाँ अपने को सम्पूर्णता में दे देना है। शायद मौन ही उनका वह सबसे अचूक हथियार रहा है, जिसके सहारे उनकी कविताओं में अनगिनत बार आत्म के विस्तार की आकाँक्षा दिखाई देती रही है। ऐसे अनेक मार्मिक क्षणों में अज्ञेय का सक्रिय और उदग्र सृजनशील रूप कविता को कई परतों वाली अर्थसम्भवा रंगत प्रदान करता है।

मौन भी अभिव्यंजना है :
जितना तुम्हारा सच है
उतना ही कहो।

(जितना तुम्हारा सच है)

पर सबसे अधिक मैं
वन के सन्नाटे के साथ मौन हूँ–
क्योंकि वही मुझे बतलाता है कि मैं कौन हूँ।

(चक्रान्त शिला-2)

और उत्तर में सुनी है दुःख की गाथा तुम्हारी
गहे हैं दो हाथ मौन समाधि में उत्सर्ग की।

(बन्धु हैं नदियाँ)

अज्ञेय की कविता में जो चीज़ प्रमुखता से उभरकर सामने आती है, वह है उनका जीवन में पूर्णता की आकाँक्षा तक जाने का संकल्प। यह परिपूर्णता वे मिथक के सहारे लायें अथवा इतिहास व अतीत की स्मृतियों के बहाने स्मरण करें या फिर वे उसे पाने के जतन में आत्म विश्लेषण करते हुए कैसे भी खोजें और जुटाएँ– पूर्णता उनकी कविता की आदर्श सम्भावना है। हालाँकि यह चाहत उन्हें अपनी कहानियों और उपन्यासों से नहीं रही है। वहाँ कई जगहों पर सम्पूर्णता के बाद की भटकन, बिखराव व विरक्ति भी हम आसानी से ढूँढ लेंगे, मगर यहाँ कविता में जैसे यह युक्ति बेहद आसक्ति और धार्मिक श्रद्धा के साथ उनमें गहराती गयी है। कुछ-कुछ औपनिषदिक ग्रन्थों के निरुक्त एवं मंत्रों की तरह का आह्वान करने वाली पूर्णता। अज्ञेय के सन्दर्भ में यह पूर्णता लाने की कोशिश शायद उनकी निहायत अपूर्ण सी लगती आरम्भिक युवा जीवन की भरपाई का एक मनोवैज्ञानिक समाधान भी लगती है। कई बार हमें ऐसा भी आभास मिलता है कि बाद के जीवन में कुछ ज्यादा ही परम्परा के मोह के चलते उनके द्वारा वत्सल-निधि के शिविरों के अन्तर्गत की जाने वाली अनेक धार्मिक स्थानों की यात्राएँ भी उसी पूर्णता को हासिल करने का एक भौतिक प्रयास थीं, जिसे शब्दों से अलग वे अनुभव के स्तर पर बटोरना चाहते थे। हालाँकि उनकी इस तरह की यात्राओं का किसी भी तरह की धार्मिक कट्टरता से कभी कोई वास्ता नहीं था। दरअसल पूर्णता उन्हें उसी तरह लुभाती थी, जिस तरह जीवन के तमाम छोटे-बड़े पल उन्हें रचनात्मक रूप से कुछ देने के लिये विवश करते थे। वे दाता की भूमिका में भी इसीलिए प्रसन्नता का अनुभव करते थे कि जहाँ, जितना भी कम है, उसे किसी तरह देकर अथवा भरपाई करके पूरा करना चाहिए। इस लिहाज से अज्ञेय की ज्यादातर कविताओं से यह पूर्णता का भाव किसी न किसी तरह ध्वनित अवश्य होता रहा है। दाता और याचक की भूमिका में, अपूर्णता के बोध और पूर्णता के शिखर तक पहुँचने की उत्कण्ठा में तथा आत्मदान के लिये स्वयं को परिष्कृत किये जाने की आत्म-मुग्ध साधना में अज्ञेय उसी तरह का किरदार बनते हैं, जिस तरह की अनेकों दन्त कथाएँ एवं अनुश्रुतियाँ भक्तिकाल की ज्ञानमार्गी धारा के अनेक निर्गुण सन्त कवियों की जीवनियों में व्यापी हैं। पूर्णता की आकाँक्षा के कुछ उदाहरण, बानगी के तौर पर यहाँ याद किये जा सकते हैं। इस अर्थ में भी कि वे किन्हीं अनजाने निर्गुणियों की अनाम कविताओं के पुनर्लेख हों–

लो, यह हरी-भरी धरती-यह सवत्सा कामधेनु-मैंने तुम्हें दी :
आकाश भी तुम्हें दिया :
यह बौर, यह अंकुर, ये रंग, ये फूल, ये कोंपलें,
ये दूधिया कनी से भरी बालियाँ,
ये मैंने तुम्हें दीं :

(भीतर जागा दाता)

यह दीप अकेला स्नेह भरा
है गर्व भरा मदमाता, पर इसको भी पंक्ति को दे दो।

(यह दीप अकेला)

वहीं-वहीं प्रत्येक भरे प्याला जीवन का,
वहीं-वहीं नैवेद्य चढ़ा
अपने सुन्दर आनन्द-निमिष का,

(सम्राज्ञी का नैवेद्य-दान)

श्रेय नहीं कुछ मेरा :
मैं तो डूब गया था स्वयं शून्य में—
वीणा के माध्यम से अपने को मैंने
सब कुछ को सौंप दिया था—

(असाध्य वीणा)

अज्ञेय का एक महत्त्वपूर्ण अवदान यह भी है कि उन्होंने कई संस्कृतियों और उसके साहित्य के अवगाहन व मैत्री से खुद अपनी संस्कृति और उसके रूप-रंग को समझने की एक भारतीय दृष्टि हमें सौंपी है। वे उस रूप में 'पारम्परिक' तथा 'आधुनिक' दोनों हैं, जिस रूप में यह भारतीय संस्कृति स्वयं को निरन्तर बरतती रही है। एक ओर उनमें आध्यात्मिक ढंग से संसार से संवाद की कोशिश है, तो दूसरी ओर जीवन सत्य को पाने के लिये मुक्ति के मार्गों को तलाशने की अदम्य उत्कण्ठा भी। वे जितना परम्परा प्रदत्त भावधाराओं व प्रतीकों का पुनरान्वेषण करने में सजग और चौकस हैं, उतना ही नये से नये का अन्तरंग ढंग से स्वागत करने के लिये बेचैन। इस रूप में वे मैक्सिकन कवि ऑक्तोवियो पाज़ और भारतीय दार्शनिक सन्त रमण महर्षि के ज्यादा करीब नज़र आते हैं— बिल्कुल सहयात्री की तरह। यह अज्ञेय ही सम्भव कर सकते थे कि जब भारत ब्रिटिश उपनिवेशवाद की दासता से मुक्ति के लिये अपनी स्वाधीनता की लड़ाई के उत्तरार्द्ध काल में पूरी संलग्नता के साथ संघर्षरत था, वे हिन्दी कविता को भी पुरातन जड़ता से मुक्त करने के लिये ऐसे समय में 'तार सप्तक' द्वारा नये

कवियों की आधुनिक दृष्टि, विचार एवं भाषा लेकर उपस्थित हुए। यह अज्ञेय की ही अभिनव दृष्टि थी कि जिसे सारे पृथ्वी पर एक अकेला घर प्रकाश से दीप्त प्रभामण्डल में अपेक्षित था, वह पेड़ पर अपना प्रतीकात्मक रूप से निवास या एक छोटा घर बनाकर सन्तुष्टि की तलाश में जुटी थी। इसके अलावा जब भी उन्हें अपने समय को अतिक्रमित करने का विचार घेरता था– *भवन्ती, अन्तरा, शाश्वती, शेषा* में बिखरी अनेक अन्तःप्रक्रियाओं द्वारा तथा *आत्मनेपद* के निबन्धों में उन्हें इन शाश्वत प्रश्नों से जूझते हुए देखा जा सकता था। *सम्वत्सर* जैसी अपनी उल्लेखनीय कृति में अज्ञेय एक तरह से काल चिन्तन पर अपने मौलिक व क्रियाशील विचारों को उसी तरह एकत्रित कर पाये हैं, जिस तरह उन्होंने अपनी असंख्य विचार कविताओं के बहाने 'समय' व 'काल' पर प्रतिक्रियाएँ दर्ज़ की हैं। कभी-कभी उनका यह कालबोध कुछ दूसरे आशयों के साथ भी कविता में विचार की शक्ल में चला आया है, जिसे शायद किसी निबन्ध के अमूर्तन में बाँधकर ठीक से समझाया नहीं जा सकता। *'नदी के द्वीप'* कविता से इस उदाहरण को देखना शायद प्रासंगिक हो–

हम नदी के द्वीप हैं
हम नहीं कहते कि हमको छोड़कर स्रोतस्विनी बह जाय।

इस कविता में नदी का बहाव व उसका नैरन्तर्य समयातीत है, फिर भी यह अज्ञेय-दृष्टि है कि वह काल के परे जाकर नदी से इस बात के लिये सम्बोधित हैं कि हमें छोड़कर उसे बह नहीं जाना है। समय-चक्र के इस निर्मम प्रवाह में मनुष्य की नियति भी, नदी के बहाव के साथ ही जुड़ सके– यही अज्ञेय का काम्य है। शायद उनके सम्पूर्ण काव्य-व्यक्तित्व की धुरी–कि वे समष्टिमूलक ढंग से संसार के सारे उपक्रम को गतिशील और समय-सापेक्ष करना चाहते हैं। ऐसी स्थितियाँ वे जहाँ-जहाँ भी रच सके हैं, उनकी कविता समकालीन होते हुए भी कालजयी अर्थों में विस्तृत हो गयी है।

हिन्दी के बड़े पारम्परिक क्षितिज पर अज्ञेय आधुनिकता के इतने शीर्षस्थ पैरोकार के रूप में प्रतिष्ठित हुए हैं कि यह पाठकों तथा आलोचकों के लिये हमेशा ही एक चुनौती भरा काम होगा कि वे उनकी कविताओं तथा विचार गद्य की अपनी सांस्कृतिक लय, बौद्ध गरिमा, पाश्चात्य आभा, ज़ेन प्रभाव तथा लोकोन्मुख विरासत के पड़ावों से गुजरते हुए अज्ञेय की नयी कविता में प्रभावी उपस्थिति को एक समुचित जीवन्त भाषा दे सकें। एक ऐसे मूर्धन्य व पूर्वज कवि को उसके सबसे सच्चे अर्थों में विश्लेषित करने का जतन, जो स्वयं जीवन भर अपनी रचनाधर्मिता में सच से मुख़ातिब रहते हुए आत्म-साक्षात्कार में लीन रहा। एक ऐसा चिन्तक कवि, जिसके अकेलेपन में भी भारतीयता अपने बहुलार्थों में साँस लेती थी। जिसकी कविता में भारतीय परम्परा और पाश्चात्य सभ्यता के द्वन्द्व व उसके समाधान की ओर गहरा इशारा रहा है। जिनके जीवन में जहाँ कहीं भी परिष्कार, गौरव और आत्मदान की छवियाँ अंकित रही हैं, वहीं से इन छवियों की प्रतिच्छाया भी उन रचनाओं में पूरी ऊष्मा के साथ पड़ती रही हैं। हमेशा ही नये राहों के अन्वेषी के रूप में उनकी सतत क्रान्तिकारिता, अनगिनत यात्राएँ,

अचूक प्रश्नाकुलता, आत्मीय सांस्कृतिक संलाप और आधुनिकता को सहेजने की वैज्ञानिक दृष्टि हमें आगे भी प्रेरणास्पद लगते रहेंगे।

यह मुझ जैसे युवा कवि के लिये सौभाग्य से कम नहीं कि नये मूल्यों की स्थापना का संघर्ष करने वाले अज्ञेय जैसे वरेण्य कवि की जन्म शताब्दी के मौके पर, एक बार नये सिरे से उनकी रचनाओं में से कविताओं का एक नया पाठ बनाने का उत्साह संजो रहा हूँ। इस गौरवपूर्ण अवसर पर उनकी समस्त कविताओं से चुनकर यह सौ कविताओं का एक आत्मीय चयन, अज्ञेय जैसे श्रद्धेय कवि के प्रति हिन्दी के तमाम सारे युवा कवियों की ओर से उनके विपुल रचनात्मक दाय के ऋण की एक विनम्र निष्कृति है। यदि हम उन्हीं के शब्दों में अपना स्वर मिलाकर कहें, तो *'जितना तुम्हारा सच है'* की यह सौ कविताएँ अज्ञेय की विचार सम्पदा के आँगन के इस पार कृतज्ञतापूर्वक पा लागन है।

यतीन्द्र मिश्र

राजसदन, अयोध्या
14 नवम्बर, 2010

छन्द

मैं सभी ओर से खुला हूँ
वन-सा, वन-सा अपने में बन्द हूँ
शब्द में मेरी समाई नहीं होगी
मैं सन्नाटे का छन्द हूँ।

दूर्वाचल

पार्श्व गिरि का नम्र, चीड़ों में
डगर चढ़ती उमंगों-सी।
बिछी पैरों में नदी ज्यों दर्द की रेखा।
विहग-शिशु मौन नीड़ों में।
मैंने आँख भर देखा।
दिया मन को दिलासा-पुनः आऊँगा।
(भले ही बरस-दिन-अनगिन युगों के बाद!)
क्षितिज ने पलक-सी खोली,
तमककर दामिनी बोली-
'अरे यायावर! रहेगा याद?'

माफ्लङ् (शिलङ्), 22 सितम्बर, 1947

मैं वह धनु हूँ

मैं वह धनु हूँ, जिसे साधने में प्रत्यंचा टूट गयी है
स्खलित हुआ है वाण, यदपि ध्वनि दिग्दिगन्त में फूट गई है—

प्रलय-स्वर है वह, या है बस मेरी लज्जाजनक पराजय,
या कि सफलता! कौन कहेगा क्या उसमें है विधि का आशय!

क्या मेरे कर्मों का संचय मुझको चिन्ता छूट गई है—
मैं बस जानूँ, मैं धनु हूँ, जिसकी प्रत्यंचा टूट गई है!...

लाहौर, 15 जून, 1935

पानी बरसा!

ओ पिया, पानी बरसा!

घास रही हुलसानी
मानिक के झूमर-सी झूमी मधु-मालती
झर पड़े जीते पीत अमलतास
चातकी की वेदना बिरानी।
बादलों का हाशिया है आसपास-
बीच लिखी पाँत काली बिजली की-
कूँजों की डार, कि असाढ़ की निशानी!
ओ पिया, पानी!
मेरा जिया हरसा।

खड़खड़ कर उठे पात, फड़क उठे गात।
देखने को आँखें घेरने को बाहें।
पुरानी कहानी?
ओठ को ओठ, वक्ष को वक्ष-
ओ पिया, पानी!
मेरा हिया तरसा।
ओ पिया, पानी बरसा!

जलन्धर, 2 जुलाई, 1945

सो रहा है झोंप

सो रहा है झोंप अँधियाला नदी की जाँघ पर :
डाह से सिहरी हुई यह चाँदनी
चोर पैरों से उझककर झाँक जाती है।

प्रस्फुटन के दो क्षणों का मोल शेफाली
विजन की धूल पर चुपचाप
अपने मुग्ध प्राणों से अजाने आँक जाती है।

लखनऊ-इलाहाबाद, अक्टूबर, 1948

बन्धु हैं नदियाँ

इसी जमुना के किनारे एक दिन
मैंने सुनी थी दुःख की गाथा तुम्हारी
और सहसा कहा था बेबस : 'तुम्हें मैं प्यार करता हूँ।'
गहे थे दो हाथ मौन समाधि में स्वीकार की।

इसी जमुना के किनारे आज
मैंने फिर कहा है वह : 'तुम्हें मैं प्यार करता हूँ।'
और उत्तर में सुनी है दुःख की गाथा तुम्हारी,
गहे हैं दो हाथ मौन समाधि में उत्सर्ग की।

न जाने फिर
इसी जमुना के किनारे एक दिन
कर सकूँगा नहीं बातें प्यार की
सुननी न होगी दुःख की गाथा-
एक दिन जब बनेगा उत्सर्ग स्वीकृति उच्चतर आदेश की!
बन्धु हैं नदियाँ : प्रकृति भी बन्धु है
और क्या जाने, कदाचित्
बन्धु
मानव भी!

दिल्ली-इलाहाबाद (मोटर से), 8 अक्टूबर, 1949

कलगी बाजरे की

हरी बिछली घास।
दोलती कलगी छरहरी बाजरे की।

अगर मैं तुमको ललाती साँझ के नभ की अकेली तारिका
अब नहीं कहता,
या शरद के भोर की नीहार-न्हायी कुँई,
टटकी कली चम्पे की, वगैरह, तो
नहीं कारण कि मेरा हृदय उथला या सूना है
या कि मेरा प्यार मैला है।

बल्कि केवल यही : ये उपमान मैले हो गए हैं।
देवता इन प्रतीकों के कर गए हैं कूच।

कभी बासन अधिक घिसने से मुलम्मा छूट जाता है।
मगर क्या तुम नहीं पहचान पाओगी :
तुम्हारे रूप के-तुम हो, निकट हो, इसी जादू के-
निजी किस सहज, गहरे बोध से, किस प्यार से मैं कह रहा हूँ-
अगर मैं यह कहूँ-
बिछली घास हो तुम
लहलहाती हवा में कलगी छरहरी बाजरे की?

आज हम शहरातियों को
पालतू मालंच पर सँवरी जुही के फूल से
सृष्टि के विस्तार का-ऐश्वर्य का-औदार्य का-
कहीं सच्चा, कहीं प्यारा एक प्रतीक
बिछली घास है,
या शरद की साँझ के सूने गगन की पीठिका पर दोलती कलगी अकेली
बाजरे की।

और सचमुच, इन्हें जब-जब देखता हूँ

यह खुला वीरान संसृति का घना हो सिमट आता है–
और मैं एकान्त होता हूँ समर्पित।

शब्द जादू हैं-
मगर क्या यह समर्पण कुछ नहीं है?

कलकत्ता, 10 नवम्बर, 1949

नदी के द्वीप

हम नदी के द्वीप हैं।
हम नहीं कहते कि हमको छोड़कर स्रोतस्विनी बह जाय।
वह हमें आकार देती है।
हमारे कोण, गलियाँ, अन्तरीप, उभार, सैकत कूल,
सब गोलाइयाँ उसकी गढ़ी हैं।

माँ है वह। है, इसी से हम बने हैं।

किन्तु हम हैं द्वीप।
हम धारा नहीं हैं।
स्थिर समर्पण है हमारा। हम सदा से द्वीप हैं स्रोतस्विनी के
किन्तु हम बहते नहीं हैं। क्योंकि बहना रेत होना है।
हम बहेंगे तो रहेंगे ही नहीं।
पैर उखड़ेंगे। प्लवन होगा। ढहेंगे। सहेंगे। बह जाएँगे।
और फिर हम चूर्ण होकर भी कभी क्या धार बन सकते?
रेत बनकर हम सलिल को तनिक गँदला ही करेंगे।
अनुपयोगी ही बनायेंगे।
द्वीप हैं हम।
यह नहीं है शाप। यह अपनी नियति है।
हम नदी के पुत्र हैं। बैठे नदी के क्रोड़ में।
वह बृहद् भूखंड से हमको मिलाती है।
और वह भूखंड अपना पितर है।

नदी, तुम बहती चलो।
भूखंड से जो दाय हमको मिला है, मिलता रहा है,
माँजती, संस्कार देती चलो :
यदि ऐसा कभी हो
तुम्हारे आह्लाद से या दूसरों के किसी स्वैराचार से-अतिचार से-

तुम बढ़ो, प्लावन तुम्हारा घरघराता उठे,
यह स्रोतस्विनी ही कर्मनाशा कीर्तिनाशा घोर काल-प्रवाहिनी बन जाय
तो हमें स्वीकार है वह भी। उसी में रेत होकर
फिर छनेंगे हम। जमेंगे हम। कहीं फिर पैर टेकेंगे।
कहीं फिर भी खड़ा होगा नए व्यक्तित्व का आकार।

मातः, उसे फिर संस्कार तुम देना।

इलाहाबाद, 11 दिसम्बर, 1949

अकेली न जैयो राधे जमुना के तीर

'उस पार चलो ना! कितना अच्छा है नरसल का झुरमुट!'
अनमना भी सुन सका मैं
गूँजते से तप्त अन्तःस्वर तुम्हारे तरह कूजन में।
'अरे, उस धूमिल विजन में?'
स्वर मेरा था चिकना ही, 'अब घना हो चला झुटपुट।
नदी पर ही रहें, कैसी चाँदनी-सी है खिली!
उस पार की रेती उदास है।'

'केवल बातें! हम आ जाते अभी लौटकर छिन में—'
मान कुछ, मनुहार कुछ, कुछ व्यंग्य वाणी में।
दामिनी की कोर-सी चमकी अँगुलियाँ शान्त पानी में।
'नदी किनारे रेती पर आता है कोई दिन में?
कवि बने हो! युक्तियाँ हैं तभी थोथी— निरा शब्दों का विलास है।'

काली तब पड़ गयी साँझ की रेख।
साँस लम्बी स्निग्ध होती है—
मौन ही है गोद जिसमें अनकही कुल व्यथा सोती है।

मैं रह गया क्षितिज को अपलक देख। और अन्तःस्वर रहा मन में—
'क्या ज़रूरी है दिखाना तुम्हें वह जो दर्द मेरे पास है?'

इलाहाबाद, 22 जून, 1948

माहीवाल से

शान्त हो। काल को भी समय थोड़ा चाहिए।

जो घड़े-कच्चे, अपात्र! -डुबा गए मँझधार
तेरी सोहनी को चन्द्रभागा की उफनती छालियों में
उन्हीं में से उसी का जल अनन्तर तू पी सकेगा
औ' कहेगा, 'आह, कितनी तृप्ति!'

क्रौंच बैठा हो कभी वल्मीक पर तो मत समझ
वह अनुष्टुप् बाँचता है संगिनी से स्मरण के-
जान ले, वह दीमकों की टोह में है।
कविजनोचित न हो चाहे, यही सच्चा साक्ष्य है :
एक दिन तू सोहनी से पूछ लेना।

इलाहाबाद, 8 अगस्त, 1948

हरी घास पर क्षण-भर

आओ बैठें
इसी ढाल की हरी घास पर।
माली-चौकीदारों का यह समय नहीं है,
और घास तो अधुनातन मानव-मन की भावना की तरह
सदा बिछी है-हरी, न्यौतती, कोई आकर रौंदे।

आओ, बैठो।
तनिक और सटकर, कि हमारे बीच स्नेह-भर का व्यवधान रहे, बस,
नहीं दरारें सभ्य शिष्ट जीवन की।

चाहे बोलो, चाहे धीरे-धीरे बोलो, स्वगत गुनगुनाओ,
चाहे चुप रह जाओ-
हो प्रकृतस्थ : तनो मत कटी-छँटी उस बाड़ सरीखी,
नमो, खुल खिलो, सहज मिलो
अन्तःस्मित, अन्तःसंयत हरी घास-सी।

क्षण-भर भुला सकें हम
नगरी की बेचैन बुदकती गड्ड-मड्ड अकुलाहट—
और न मानें उस पलायन;
क्षण-भर देख सकें आकाश, धरा, दुर्वा, मेघाली,
पौधे, लता दोलती, फूल, झरे पत्ते, तितली-भुनगे,
फुनगी पर पूँछ उठाकर इतराती छोटी-सी चिड़िया—
और न सहसा चोर कह उठे मन में—
प्रकृतिवाद है स्खलन
क्योंकि युग जनवादी है।
क्षण-भर हम न रहें रहकर भी :
सुनें गूँज भीतर के सूने सन्नाटे में किसी दूर सागर की लोल लहर की
जिसकी छाती की हम दोनों छोटी-सी सिहरन हैं—
जैसे सीपी सदा सुना करती है।

क्षण-भर लय हों-मैं भी, तुम भी,
और न सिमटें सोच कि हमने
अपने से भी बड़ा किसी भी अपर को क्यों माना!

क्षण-भर अनायास हम याद करें :
तिरती नाव नदी में,
धूल-भरे पथ पर असाढ़ की भभक, झील में साथ तैरना,
हँसी अकारण खड़े महा-वट की छाया में,
वदन घाम से लाल, स्वेद से जमी अलक-लट,
चीड़ों का वन, साथ-साथ दुलकी चलते दो घोड़े,
गीली हवा नदी की, फूले नथुने, भर्रायी सीटी स्टीमर की,
खँडहर, ग्रथित अँगुलियाँ, बाँसे का मधु,
डाक़िये के पैरों की चाँप,
अनजानी बबूल की धूल मिली-सी गन्ध,
झरा रेशम शिरीष का, कविता के पद,
मसजिद के गुम्बद के पीछे सूर्य डूबता धीरे-धीरे,
झरने के चमकीले पत्थर, मोर-मोरनी, घुँघरू,
सन्थाली झूमुर का लम्बा कसक-भरा आलाप,
रेल का आह की तरह धीरे-धीरे खिंचना, लहरें,
आँधी-पानी,
नदी किनारे की रेती पर बित्ते-भर की छाँह झाड़ की
अंगुल-अंगुल नाप-नापकर तोड़े तिनकों का समूह,
लू,
मौन।

याद कर सकें अनायास : और न मानें
हम अतीत के शरणार्थी हैं;
स्मरण हमारा-जीवन के अनुभव का प्रत्यवलोकन-
हमें न हीन बनावे प्रत्यभिमुख होने के पाप-बोध से।
आओ बैठो : क्षण-भर :
यह क्षण हमें मिला है नहीं नगर-सेठों की फ़ैयाज़ी से।
हमें मिला है यह अपने जीवन की निधि से ब्याज सरीखा।

आओ बैठो : क्षण-भर तुम्हें निहारूँ।
अपनी जानी एक-एक रेखा पहचानूँ
चेहरे की, आँखों की-अन्तर्मन की
और-हमारी साझे की अनगिन स्मृतियों की :
तुम्हें निहारूँ,
झिझक न हो कि निरखना दबी वासना की विकृति है!

धीरे-धीरे
धुँधले में चेहरे की रेखाएँ मिट जाएँ-
केवल नेत्र जगें : उतनी ही धीरे
हरी घास की पत्ती-पत्ती भी मिट जावे लिपट झाड़ियों के पैरों में
और झाड़ियाँ भी घुल जावें क्षिति-रेखा के मसृण ध्वान्त में;
केवल बना रहे विस्तार-हमारा बोध
मुक्ति का,
सीमाहीन खुलेपन का ही।

चलो, उठें अब;
अब तक हम थे बन्धु सैर को आये–
(देखें हैं क्या कभी घास पर लोट-पोट होते सतभैये शोर मचाते?)

और रहे बैठे तो लोग कहेंगे
धुँधले में दुबके प्रेमी बैठे हैं।

–वह हम हों भी तो यह हरी घास ही जानें :
(जिसके खुले निमन्त्रण के बल जग ने सदा उसे रौंदा है
और वह नहीं बोली)
नहीं सुनें हम वह नगरी के नागरिकों से
जिनकी भाषा में अतिशय चिकनाई है साबुन की
किन्तु नहीं है करुणा।

उठो, चलें, प्रिय।

इलाहाबाद, 14 अक्टूबर, 1949

बावरा अहेरी

भोर का बावरा अहेरी
पहले बिछाता है आलोक की
लाल-लाल कनियाँ
पर जब खींचता है जाल को
बाँध लेता है सभी को साथ :
छोटी-छोटी चिड़ियाँ, मँझोले परेवे, बड़े-बड़े पंखी
डैनों वाले डील वाले डौल के बेडौल
उड़ने जहाज,
कलस-तिसूल वाले मन्दिर-शिखर से ले
तारघर की नाटी मोटी चिपटी गोल धुस्सों वाली उपयोग-सुन्दरी
बेपनाह काया को :
गोधूली की धूल को, मोटरों के धुएँ को भी
पार्क के किनारे पुष्पिताग्र कर्णिकार की आलोक-खची तन्वि रूप-रेखा को
और दूर कचरा जलानेवाली कल की उद्दंड चिमनियों को, जो
धुआँ यों उगलती हैं मानो उसी मात्र से अहेरी को हरा देंगी!

बावरे अहेरी रे
कुछ भी अवध्य नहीं तुझे, सब आखेट है :
एक बस मेरे मन-विवर में दुबकी कलौंस को
दुबकी ही छोड़कर क्या तू चला जाएगा?
ले, मैं खोल देता हूँ कपाट सारे
मेरे इस खँडर की शिरा-शिरा छेद दे आलोक की अनी से अपनी,
गढ़ सारा ढाहकर ढूह भरकर दे :
विफल दिनों की तू कलौंस पर माँज जा
मेरी आँखें आँज जा
कि तुझे देखूँ
देखूँ और मन में कृतज्ञता उमड़ आए
पहनूँ सिरोपे से ये कनक-तार तेरे-
बावरे अहेरी।

दिल्ली, 02 सितम्बर, 1951

आज तुम शब्द न दो

आज तुम शब्द न दो, न दो, कल भी मैं कहूँगा।

तुम पर्वत हो अभ्र-भेदी शिला-खंडों के गरिष्ठ पुंज
चाँप इस निर्झर को रहो, रहो,
तुम्हारे रन्ध्र-रन्ध्र से तुम्हीं को रस देता हुआ फूटकर मैं बहूँगा।

तुम्हीं ने दिया यह स्पन्द
तुम्हीं ने धमनी में बाँधा है लहू का वेग यह मैं अनुक्षण जानता हूँ।
गति जहाँ सब कुछ है, तुम धृति पारमिता, जीवन के सहज छन्द
तुम्हें पहचानता हूँ।
माँगो तुम चाहे जो : माँगोगे, दूँगा; तुम दोगे जो मैं सहूँगा।

आज नहीं, कल सही
कल नहीं, युग-युग बाद ही :
मेरा तो नहीं है यह
चाहे वह मेरी असमर्थता से बँधा हो।
मेरा भाव-यन्त्र? एक मड़िया है सूखी घास-फूस की
उसमें छिपेगा नहीं औघड़ तुम्हारा दान-
साध्य नहीं मुझसे, किसी से चाहे सधा हो।

आज नहीं, कल सही
चाहूँ भी तो कब तक छाती में दबाए यह आग मैं रहूँगा?
आज तुम शब्द न दो, न दो-कल भी मैं कहूँगा।

दिल्ली, 21 अगस्त, 1953

यह दीप अकेला

यह दीप अकेला स्नेह भरा
है गर्व भरा मदमाता, पर इसको भी पंक्ति को दे दो।

यह जन है : गाता गीत जिन्हें फिर और कौन गायेगा?
पनडुब्बा : ये मोती सच्चे फिर कौन कृती लायेगा?
यह समिधा : ऐसी आग हठीला बिरला सुलगायेगा।
यह अद्वितीय : यह मेरा : यह मैं स्वयं विसर्जित :
यह दीप, अकेला, स्नेहा भरा
है गर्व भरा मदमाता, पर इसको भी पंक्ति को दे दो।

यह मधु है : स्वयं काल की मोना का युग-संचय,
यह गोरस : जीवन-कामधेनु का अमृत-पूत पय,
यह अंकुर : फोड़ धरा को रवि को तकता निर्भय
यह प्रकृत, स्वयम्भू, ब्रह्मा, अयुत : इसको भी शक्ति को दे दो।
यह दीप, अकेला, स्नेहा भरा
है गर्व भरा मदमाता, पर इसको भी पंक्ति को दे दो।

यह वह विश्वास, नहीं जो अपनी लघुता में भी काँपा,
वह पीड़ा, जिसकी गहराई को स्वयं उसी ने नापा;
कुत्सा, अपमान, अवज्ञा के धुँधुआते कड़ुवे तम में
यह सदा-द्रवित, चिर-जागरूक, अनुरक्त-नेत्र,
उल्लम्ब-बाहु, यह चिर-अखंड अपनापा।
जिज्ञासु, प्रबुद्ध, सदा श्रद्धामय, इसको भक्ति को दे दो :
यह दीप, अकेला, स्नेह भरा
है गर्व भरा मदमाता, पर इसको भी पंक्ति को दे दो।

नयी दिल्ली (आल्प्स कहवाघर में), 18 अक्टूबर, 1952

जो कहा नहीं गया

है, अभी कुछ और जो कहा नहीं गया।

उठी एक किरण, धायी, क्षितिज को नाप गई,
सुख की स्मिति कसक-भरी, निर्धन की नैन-कोरों में काँप गई,
बच्चे ने किलक भरी, माँ की वह नस-नस में व्याप गई।
अधूरी हो, पर सहज थी अनुभूति :
मेरी लाज मुझे साज बन ढाँप गई-
फिर मुझ बेसबरे से रहा नहीं गया।
पर कुछ और रहा जो कहा नहीं गया।

निर्विकार मरु तक को सींचा है
तो क्या? नदी-नाले ताल-कुएँ से पानी उलीचा है
तो क्या? उड़ा हूँ, दौड़ा हूँ तेरा हूँ, पारंगत हूँ,
इसी अहंकार के मारे
अन्धकार में सागर के किनारे ठिठक गया : नत हूँ
उस विशाल में मुझसे बहा नहीं गया।
इसलिए जो और रहा, वह कहा नहीं गया।

शब्द, यह सही है, सब व्यर्थ हैं
पर इसीलिए कि शब्दातीत कुछ अर्थ हैं।
शायद केवल इतना ही : जो दर्द है
वह बड़ा है, मुझसे ही सहा नहीं गया।
तभी तो, जो अभी और रहा, वह कहा नहीं गया।

दिल्ली, 27 अक्टूबर, 1953

एक दिन जब

एक दिन जब
सिवा अपनी व्यथा के कुछ याद करने को नहीं होगा—
क्योंकि कृतियाँ दूसरों के याद करने के लिये हैं :

एक दिन जब
दे न पाया जो, उसी की नोक बेबस सालती रह जायगी—
क्योंकि दे पाया अगर कुछ, याद उसको आज
मैं करता नहीं हूँ, और, जीवन! शक्ति दो
उस दिन न चाहूँ याद करना :

एक दिन जब
प्यार से, संघर्ष से, आक्रोश से, करुणा-घृणा से, रोष से,
विद्वेष से, उल्लास से,
निविड़ सब संवेदनाओं की सघन अनुभूति से
बँधा वेष्ठित, विद्ध जीवन की अनी से—स्वयं अपने प्यार से—

एक दिन जब
हाय ! पहली बार ! -
जानूँगा कि जीवन
जो कभी हारा नहीं था, हारता ही किसी से जो नहीं,

अपने से चला अब हार :

एक दिन-उस दिन-जिसे अपनी पराजय भी
दे सकूँगा समुद, निःसंकोच

उसी को आज अपना गीत देता हूँ।

आविस्को (उत्तरी स्वीडन), 4 जुलाई, 1955

सम्राज्ञी का नैवेद्य-दान[1]

हे महाबुद्ध!
मैं मन्दिर में आयी हूँ
रीते हाथ :
फूल मैं ला न सकी।

औरों का संग्रह
तेरे योग्य न होता।

जो मुझे सुनाती
जीवन के विह्वल सुख-क्षण का गीत-
खोलती रूप-जगत् के द्वार जहाँ
तेरी करुणा
बुनती रहती है
भव के सपनों, क्षण के आनन्दों के
रहःसूत्र अविराम-
उस भोली मुग्धा को
कँपती
डाली से विलगा न सकी।

जो कली खिलेगी जहाँ, खिली,
जो फूल जहाँ है,
जो भी सुख
जिस भी डाली पर
हुआ पल्लवित, पुलकित,
मैं उसे वहीं पर

अक्षत, अनाघ्रात, अस्पृष्ट, अनाविल,
हे महाबुद्ध!
अर्पित करती हूँ तुझे।

वहीं-वहीं प्रत्येक भरे प्याला जीवन का,
वहीं-वहीं नैवेद्य चढ़ा
अपने सुन्दर आनन्द-निमिष का,
तेरा हो,
हे विगतागत के, वर्तमान के, पद्मकोश!
हे महाबुद्ध!

तोक्यो, 25 सितम्बर, 1957

1. जापान की साम्राज्ञी कोमियो प्राचीन राजधानी नारा के बुद्ध-मन्दिर में जाते समय असमंजस में पड़ गई थी कि चढ़ाने को क्या ले जाए और फिर रीते हाथ गई थी। यही घटना कविता का अधार है।

साँप

साँप! तुम सभ्य तो हुए नहीं-
नगर में बसना भी तुम्हें नहीं आया।
एक बात पूछूँ- (उत्तर दोगे ?)
तब कैसे सीखा डँसना-विष कहाँ पाया?

दिल्ली, 15 जून, 1954

शब्द और सत्य

यह नहीं कि मैंने सत्य नहीं पाया था
यह नहीं कि मुझको शब्द अचानक कभी-कभी मिलता है :
दोनों जब-तब सम्मुख आते ही रहते हैं।
प्रश्न यही रहता है :
दोनों जो अपने बीच एक दीवार बनाए रहते हैं
मैं कब, कैसे, उनके अनदेखे
उसमें सेंध लगा दूँ
या भरकर विस्फोटक
उसे उड़ा दूँ ?
कवि जो होंगे हों, जो कुछ करते हैं करें,
प्रयोजन मेरा बस इतना है :
ये दोनों जो
सदा एक-दूसरे से तनकर रहते हैं,
कब, कैसे, किस आलोक-स्फुरण में
इन्हें मिला दूँ–
दोनों जो हैं बन्धु, सखा, चिर सहचर मेरे।

मोतीबाग, नयी दिल्ली, 15 जून, 1957

मन बहुत सोचता है

मन बहुत सोचता है कि उदास न हो
पर उदासी के बिना रहा कैसे जाय?

शहर के दूर के तनाव-दबाव कोई सह भी ले,
पर यह अपने ही रचे एकान्त का दबाव सहा कैसे जाय !

नील आकाश, तैरते-से मेघ के टुकड़े,
खुली घासों में दौड़ती मेघ-छायाएँ,
पहाड़ी नदी : पारदर्श पानी,
धूप-धुले तल के रंगारंग पत्थर,
सब देख बहुत गहरे कहीं जो उठे,
वह कहूँ भी तो सुनने को कोई पास न हो—
इसी पर जो जी में उठे वह कहा कैसे जाय !

मन बहुत सोचता है कि उदास न हो, न हो,
पर उदासी के बिना रहा कैसे जाय !

जुलाई, 1966

धरा-व्योम

अंकुरित धरा से क्षमा
व्योम से झरी रूपहली करुणा।

सरि, सागर, सोते-निर्झर-सा
उमड़े जीवन :
कहीं नहीं है मरना।

नारा, जापान, 6 सितम्बर, 1957

नदी तट : एक चित्र

नदी की बाँक
गोरी चमक बालू की
विदा की आर्द्र लालिम
मेघ की रेखा :

नीरव बलाका।

नारा, जापान, 6 सितम्बर, 1957

दीप पत्थर का

दीप पत्थर का
लजीली किरण की
पद-चाप नीरव :
अरी ओ करुणा प्रभामय !
कब ? कब ?

क्योतो, जापान, 9 सितम्बर, 1957

सोन-मछली

हम निहारते रूप,
काँच के पीछे
हाँप रही है मछली।

रूप-तृषा भी
(और काँच के पीछे)
है जिजीविषा।

क्योतो, 10 सितम्बर, 1957

मैं देख रहा हूँ

मैं देख रहा हूँ
झरी फूल से पँखुरी
—मैं देख रहा हूँ अपने को ही झरते।

मैं चुप हूँ :
वह मेरे भीतर वसन्त गाता है।

तोक्यो, 15 सितम्बर, 1957

द्वारहीन द्वार

द्वार के आगे
और द्वार :
यह नहीं कि कुछ अवश्य
है उनके पार—
किन्तु हर बार
मिलेगा आलोक,
झरेगी रस-धार।

तोक्यो, 15 सितम्बर, 1957

सान्ध्य तारा

साँझ। बुझता क्षितिज।
मन की टूट-टूट पछाड़ खाती लहर।
काली उमड़ती परछाइयाँ।

तब एक
तारा भर गया आकाश की गहराइयाँ।

जापान, 21 दिसम्बर, 1957

मैंने देखा, एक बूँद

मैंने देखा
एक बूँद सहसा
उछली सागर के झाग से :
रँग गई क्षण-भर
ढलते सूरज की आग से।

मुझको दीख गया :
सूने विराट् के सम्मुख
हर आलोक-छुआ अपनापन
है उन्मोचन
नश्वरता के दाग से!

नयी दिल्ली, 5 मार्च, 1958

चिड़िया की कहानी

उड़ गयी चिड़िया
काँपी, फिर
थिर
हो गई पत्ती।

नयी दिल्ली, 1958

न दो प्यार

न दो प्यार
खोलो न द्वार
तुम कोई इस अन्धी दिवार में :
पा लूँगा दरार
मैं कोई। हो न सकूँगा पार–
न हो : मैं बीज
उसी में डालूँगा : वह फूटेगा : डार-डार
से उसकी झूमेगा फल-भार।

नहीं तो
और कौन है द्वार
– या प्यार ?

अल्मोड़ा, 5 जून, 1958

धूप

सूप-सूप भर
धूप-कनक
यह सूने नभ में गई बिखर :
चौंधाया
बीन रहा है
उसे अकेला एक कुरर।

अल्मोड़ा, 5 जून, 1958

हिरोशिमा

एक दिन सहसा
सूरज निकला
अरे क्षितिज पर नहीं,
नगर के चौक :
धूप बरसी
पर अन्तरिक्ष से नहीं,
फटी मिट्टी से।
छायाएँ मानव-जन की
दिशाहीन
सब ओर पड़ीं—वह सूरज
नहीं उगा था पूरब में, वह
बरसा सहसा
बीचों-बीच नगर के :
काल-सूर्य के रथ के
पहियों के ज्यों अरे टूटकर
बिखर गए हों
दसों दिशा में।

कुछ क्षण का वह उदय-अस्त !
केवल एक प्रज्वलित क्षण की
दृश्य सोख लेनेवाली दोपहरी।
फिर ?
छायाएँ मानव जन की
नहीं मिटीं लम्बी हो-होकर :
मानव ही सब भाप हो गए।
छायाएँ तो अभी लिखी हैं
झुलसे हुए पत्थरों पर
उजड़ी सड़कों की गच पर।

मानव का रचा हुआ सूरज
मानव को भाप बनाकर सोख गया।
पत्थर पर लिखी हुई यह
जली हुई छाया
मानव की साखी है।

दिल्ली-इलाहाबाद-कलकत्ता (रेल में), 10-12 जनवरी, 1959

अन्तःसलिला

रेत का विस्तार
नदी जिसमें खो गयी
कृश-धार :
झरा मेरे आँसुओं का भार
—मेरा दुख-धन,
मेरे समीप अगाध पारावार—
उसने सोख सहसा लिया
जैसे लूट ले बटमार।
और फिर आक्षितिज
लहरीला मगर बेटूट
सूखी रेत का विस्तार—
नदी जिसमें खो गई
कृश-धार।

किन्तु जब-जब जहाँ भी जिसने कुरेदा
नमी पायी : और खोदा—
हुआ रस-संचार :
रिसता हुआ गड्ढा भर गया।

यों अजाना पान्थ
जो भी क्लान्त आया, रुका लेकर आस,
स्वल्पायास से ही शान्त
अपनी प्यास
इससे कर गया :
खींच लम्बी साँस
पार उतर गया।

अरे, अन्तःसलिल है रेत :
अनगिनत पैरों तले रौंदी हुई अविराम
फिर भी घाव अपने आप भरती,
पड़ी सज्जाहीन,
धूसर-गौर,
निरीह और उदार!

इलाहाबाद-दिल्ली (रेल में), 20 फरवरी, 1959

भीतर जागा दाता

मतियाया
सागर लहराया।
तरंग की पंखयुक्त वीणा पर
पवन ने भर उमंग से गाया।
फेन-झालरदार मखमली चादर पर मचलती
किरण-अप्सराएँ भारहीन पैरों से थिरकीं—
जल पर आलते की छाप छोड़ पल-पल बदलती।
दूर धुँधला किनारा
झूम-झूम आया, डगमगाया किया।
मेरे भीतर जागा
दाता :
बोला :
लो, यह सागर मैंने तुम्हें दिया

हरियाली बिछ गई तराई पर,
घाटी की पगडंडी
लजाई और ओट हुई—
पर चंचला रह न सकी, फिर उझकी और झाँक गयी।
छरहरे पेड़ की नई रँगीली फुनगी
आकाश के भाल पर जय-तिलक आँक गयी।
गेहूँ की हरी बालियों में से
कभी राई की उजली, कभी सरसों की पीली फूल-ज्योत्स्ना दिप गयी,
कभी लाली पोस्ते की सहसा चौंका गई—
कभी लघु नीलिमा तीसी की चमकी और छिप गयी।
मेरे भीतर फिर जागा
दाता :
और मैंने फिर नीरव संकल्प किया :
लो, यह हरी-भरी धरती—यह सवत्सा कामधेनु—मैंने तुम्हें दी :
आकाश भी तुम्हें दिया :

यह बौर, यह अंकुर, ये रंग, ये फूल, ये कोंपलें,
ये दूधिया कनी से भरी बालियाँ,
ये मैंने तुम्हें दी :
आँकी-बाँकी रेखा यह,
मेड़ों पर छाग-छौने ये किलोलते,
यह तलैया, गलियारा यह,
सारसों के जोड़े, मौन खड़े पर तोलते—
यह रूप केवल मैंने देखा,
यह अनुभव अद्वितीय, जो केवल मैंने जिया,
सब तुम्हें दिया।

एक स्मृति से मन पूत हो आया।
एक श्रद्धा से आहूत प्राणों ने गाया।
एक प्यार का ज्वार दुर्निवार बढ़ आया।
मैं डूबा नहीं, उमड़ा-उतराया,
फिर भीतर
दाता खिल आया।
हँसा, हँसकर तुम्हें बुलाया।
लो, यह स्मृति, यह श्रद्धा, यह हँसी,
यह आहूत, स्पर्श-पूत भाव
यह मैं, यह तुम, यह खिलना,
यह ज्वार, यह प्लवन,
यह प्यार, यह अडूब उमड़ना—
सब तुम्हें दिया।
सब
तुम्हें दिया।

सागरपोत स्ट्रैथेयर्ड पर
पोर्ट सहद-मार्सेल, 19 अप्रैल, 1960

चक्रान्त शिला-1

यह महाशून्य का शिविर,
असीम, छा रहा ऊपर :
नीचे यह महामौन की सरिता
दिग्विहीन बहती है।

यह बीच-अधर, मन रहा टटोल
प्रतीकों की परिभाषा
आत्मा में जो अपने ही से
खुलती रहती है।

रूपों में एक अरूप सदा खिलता है,
गोचर में एक अगोचर, अप्रमेय,
अनुभव में एक अतीन्द्रिय,
पुरुषों के हर वैभव में ओझल
अपौरुषेय मिलता है।

मैं एक, शिविर का प्रहरी, भोर जगा
अपने को मौन नदी के खड़ा किनारे पाता हूँ :
मैं, मौन-मुखर, सब छन्दों में
उस एक अनिर्वच, छन्द-मुक्त को
गाता हूँ।

पिएर क्वि वी'र, 29 मई, 1960

चक्रान्त शिला-2

वन में एक झरना बहता है
एक नर-कोकिल गाता है
वृक्षों में एक मर्मर
कोंपलों को सिहराता है,
एक अदृश्य क्रम नीचे ही नीचे
झरे पत्तों को पचाता है।
अंकुर उगाता है।
मैं सोते के साथ बहता हूँ,
पक्षी के साथ गाता हूँ,

वृक्षों के कोंपलों के साथ थरथराता हूँ,
और उसी अदृश्य क्रम में, भीतर ही भीतर
झरे पत्तों के साथ गलता और जीर्ण होता रहता हूँ :
नए प्राण पाता हूँ।

पर सबसे अधिक मैं
वन के सन्नाटे के साथ मौन हूँ–
क्योंकि वही मुझ बतलाता है कि मैं कौन हूँ,
जोड़ता है मुझको विराट् से
जो मौन, अपरिवर्त है, अपौरुषेय है
जो सबको समोता है।

मौन का ही सूत्र
किसी अर्थ को मिटाए बिना
सारे शब्द क्रमागत
सुमिरनी में पिरोता है।

पिएर क्वि वी'र, 27 मई, 1960

चक्रान्त शिला-8

जितनी स्फीति इयत्ता मेरी झलकाती है
उतना ही मैं प्रेत हूँ।
जितना रूपाकार-सारमय दीख रहा हूँ
रेत हूँ।

फोड़-फोड़कर जितने को तेरी प्रतिमा
मेरे अनजाने, अनपहचाने
अपने ही मनमाने
अंकुर उपजाती है—
बस, उतना मैं खेत हूँ।

जमशेदपुर, 26 मार्च, 1961

चक्रान्त शिला-16

मैं कवि हूँ
द्रष्टा, उन्मेष्टा,
सन्धाता,
अर्थवाह,
मैं कृतव्यय।

मैं सच लिखता हूँ :
लिख-लिख कर सब
झूठा करता जाता हूँ।

तू काव्य :
सदा-वेष्टित यथार्थ
चिर-तनित,
भारहीन, गुरु,
अव्यय।

तू छलता है
पर हर छल में
तू और विशद, अभ्रान्त,
अनूठा होता जाता है।

चक्रान्त शिला-24

उसी एकान्त में घर दो
जहाँ पर सभी आवें :
वही एकान्त सच्चा है
जिसे सब छू सकें।
मुझको यही वर दो
उसी एकान्त में घर दो
कि जिसमें सभी आवें—
—मैं न आऊँ।
नहीं मैं छू भी सकूँ जिसको
मुझे ही जो छुए, घेरे समो ले।
क्योंकि जो मुझसे छुआ जा सका—
मेरे स्पर्श से चटका—
न ही आसरा, वह छत्र कच्चा है :

वही एकान्त सच्चा है
जिसे छूने मैं चलूँ तो मैं पलटकर टूट जाऊँ।
लौटकर फिर वहीं आऊँ
किन्तु पाऊँ
जो उसे छू रहा है वह मैं नहीं हूँ :
सभी हैं वे। सभी : वह भी जो कि इसका बोध
मुझ तक ला सका।

उसी एकान्त में घर दो—
यही वर दो।

दिल्ली-देहरादून, अक्टूबर, 1960

चक्रान्त शिला-26

आँगन के पार
द्वार खुले
द्वार के पार आँगन।
भवन के ओर-छोर
सभी मिले—
उन्हीं में कहीं खो गया भवन।

कौन द्वारी
कौन आगारी, न जाने,
पर द्वार के प्रतिहारी को
भीतर के देवता ने
किया बार-बार पा-लागन।

नयी दिल्ली, 7 जुलाई, 1961

चक्रान्त शिला-27

दूज का चाँद–

मेरे छोटे घर-कुटीर का दिया
तुम्हारे मन्दिर के विस्तृत आँगन में
सहमा-सा रख दिया गया।

नयी दिल्ली, 19 फरवरी, 1962

औपन्यासिक

मैंने कहा : अपनी मनःस्थिति
मैं बता नहीं सकता। पर अगर
अपने को उपन्यास का चरित्र बताता, तो इस समय अपने को
एक शराबखाने में दिखाता, अकेले बैठकर
पीते हुए—इस कोशिश में कि सोचने की ताक़त
किसी तरह जड़ हो जाये।
कौन या कब अकेले बैठकर शराब पीता है?
जो या जब अपने को अच्छा नहीं लगता—अपने को
सह नहीं सकता।

उसने कहा : हुँ : कोई बात है भला? शराबखाना भी
(यह नहीं कि मुझे इसका कोई तजुरबा है, पर)
कोई बैठने की जगह होगी—वह भी अकेले?
मैं वैसे में अपने पात्र को
नदी किनारे बैठाती—अकेले उदास बैठकर कुढ़ने के लिए।

मैंने कहा : शराबखाना
न सही बैठने के लायक जगह ! पर अपने शहर में
ऐसा नदी का किनारा कहाँ मिलेगा जो
बैठने लायक हो—उदासी में अकेले
बैठकर अपने पर कुढ़ने लायक ?

उसने कहा : अब मैं क्या करूँ अगर अपनी नदी का
ऐसा हाल हो गया है ? पर कहीं तो ऐसी नदी
जरूर होगी ?

मैंने कहा : सो तो है—यानी होगी। तो मैं
अपने उपन्यास का शराबखाना
क्या तुम्हारे उपन्यास की नदी के किनारे
नहीं ले जा सकता ?

उसने कहा : हुँ : ! यह कैसे हो सकता है ?
मैंने कहा : ऐसा पूछती हो, तो तुम उपन्यासकार भी
कैसे बन सकती हो?

उसने कहा : न सही— हम नहीं बनते उपन्यासकार।
पर वैसी नदी होगी
तो तुम्हारे शराबखाने की जरूरत क्या होगी, और उसे
नदी के किनारे तुम ले जाकर ही क्या करोगे?

मैंने ज़िद करके कहा : ज़रूर ले जाऊँगा! अब देखो, मैं
उपन्यास ही लिखता हूँ और उसमें
नदी किनारे शराबखाना बनाता हूँ!

उसने भी ज़िद करके कहा : वह
बनेगा ही नहीं ! और बन भी गया तो वहाँ तुम अकेले बैठकर
शराब नहीं पी सकोगे!

मैंने कहा : क्यों नहीं ? शराबखाने में अकेले
शराब पीने पर मनाही होगी?

उसने कहा : मेरी नदी के किनारे तुमको
अकेले बैठने कौन देगा, यह भी सोचा है?

तब मैंने कहा : नदी के किनारे तुम मुझे अकेला
नहीं होने दोगी, तो शराब पीना ही कोई
क्यों चाहेगा, यह भी कभी सोचा है?

इस पर हम दोनों हँस पड़े। वह
उपन्यास वाली नदी और कहीं हो न हो,
इस हँसी में सदा बहती है,
और वहाँ शराबखाने की कोई ज़रूरत नहीं है।

नई दिल्ली, अक्टूबर, 1968

याद

याद : सिहरन : उड़ती सारसों की जोड़ी।
याद : उमस : एकाएक घिरे बादल में
कौंध जगमगा गयी।
सारसों की ओट बादल,
बादल में सारसों की जोड़ी ओझल,
याद की ओट याद की ओट याद।
केवल नभ की गहराई बढ़ गई थोड़ी।
कैसे कहूँ कि किसकी याद आयी?
चाहे तड़पा गयी ?

काबूकी प्रेक्षागृह में (सैन फ्रांसिस्को), 21 मार्च, 1969

बना दे, चितेरे

बना दे, चितेरे,
मेरे लिए एक चित्र बना दे।

पहले सागर आँक :
विस्तीर्ण प्रगाढ़ नीला,
ऊपर हलचल से भरा,
पवन के थपेड़ों से आहत,
शत-शत तरंगों से उद्वेलित,
फेनोर्मियों से टूटा हुआ, किन्तु प्रत्येक टूटने में
अपार शोभा लिये हुए,
चंचल, उत्सृष्ट,
—जैसे जीवन।

हाँ, पहले सागर आँक :
नीचे अगाध, अथाह,
असंख्य दबावों, तनावों, खीचों और मरोड़ों को
अपनी द्रव एकरूपता में समेटे हुए,
असंख्य गतियों और प्रवाहों को
अपने अखंड स्थैर्य में समाहित किए हुए,
स्वायत्त,
अचंचल,
—जैसे जीवन।

सागर आँक कर फिर आँक एक उछली हुई मछली :
ऊपर अधर में
जहाँ ऊपर भी अगाध नीलिमा है
तरंगोर्मियाँ हैं, हलचल और टूटन है
द्रव है, दबाव है,
और उसे घेरे हुए वह अविकल सूक्ष्मता है

जिसमें सब आन्दोलन स्थिर और समाहित होते हैं;
ऊपर अधर में
हवा का एक बुलबुला भर पीने को
उछली हुई मछली
जिसकी मरोड़ी हुई देह-वल्ली में
झरते रहे आलोक के सोते अवदात—
और मुझे घेरे रही
अँधेरे अकेले घर में
अँधेरी अकेली रात।

नयी दिल्ली, 29 मई, 1961

असाध्य वीणा

आ गए प्रियंवद! केशकम्बली! गुफा-गेह!
राजा ने आसन दिया। कहा :
"कृतकृत्य हुआ मैं तात! पधारे आप।
भरोसा है अब मुझको
साध आज मेरे जीवन की पूरी होगी!"

लघु संकेत समझ राजा का
गण दौड़े। लाए असाध्य वीणा,
साधक के आगे रख उसको, हट गए।
सभी की उत्सुक आँखें
एक बार वीणा को लख, टिक गयीं
प्रियंवद के चेहरे पर।

"यह वीणा उत्तराखंड के गिरि-प्रान्तर से
—घने वनों में जहाँ तपस्या करते हैं व्रतचारी—
बहुत समय पहले आई थी।
पूरा तो इतिहास न जान सके हम :
किन्तु सुना है
वज्रकीर्ति ने मन्त्रपूत जिस
अति प्राचीन किरीट-तरु से इसे गढ़ा था—
उसके कानों में हिम-शिखर रहस्य कहा करते थे अपने,
कन्धों पर बादल सोते थे,
उसकी करि-शुण्डों-सी डालें
हिम-वर्षा से पूरे वन-यूथों का कर लेती थीं परित्राण,
कोटर में भालू बसते थे,
केहरि उसके वल्कल से कन्धे खुजलाने आते थे।
और—सुना है—जड़ उसकी जा पहुँची थी पाताल-लोक,
उसकी ग्रन्थ-प्रवण शीतलता से फण टिका नाग वासुकि सोता था।
उसी किरीट-तरु से वज्रकीर्ति ने

सारा जीवन इसे गढ़ा :
हठ-साधना यही थी उस साधक की—
वीणा पूरी हुई, साथ साधना, साथ ही जीवन-लीला।"

राजा रुके साँस लम्बी लेकर फिर बोले :
"मेरे हार गए सब जाने-माने कलावन्त,
सबकी विद्या हो गई अकारथ, दर्प चूर,
कोई ज्ञानी गुणी आज तक इसे न साध सका।
अब यह असाध्य वीणा ही ख्यात हो गयी।
पर मेरा अब भी है विश्वास
कृच्छ्र-तप वज्रकीर्ति का व्यर्थ नहीं था।
वीणा बोलेगी अवश्य, पर तभी
इसे जब सच्चा-स्वरसिद्ध गोद में लेगा।
तात! प्रियंवद! लो, सह सम्मुख रही तुम्हारे
वज्रकीर्ति की वीणा,
यह मैं, यह रानी, भरी सभा यह :
सब उदग्र, पर्युत्सुक,
जन-मात्र प्रतीक्षमाण!"

केशकम्बली गुफा-गेह ने खोला कम्बल।
धरती पर चुपचाप बिछाया।
वीणा उस पर रख, पलक मूँदकर, प्राण खींच,
करके प्रणाम,
अस्पर्श छुअन से छुए तार।
धीरे बोला : "राजन्! पर मैं तो
कलावन्त हूँ नहीं, शिष्य, साधक हूँ—
जीवन के अनकहे सत्य का साक्षी।
वज्रकीर्ति!
प्राचीन किरीट-तरु!
अभिमन्त्रित वीणा!
ध्यान-मात्र इनका तो गद्‌गद विह्वल कर देने वाला है!"

चुप हो गया प्रियंवद।
सभा भी मौन हो रही।
वाद्य उठा साधक ने गोद रख लिया।

धीरे-धीरे झुक उस पर, तारों पर मस्तक टेक दिया।
सभा चकित थी— अरे, प्रियंवद क्या सोता है?
केशकम्बली अथवा होकर पराभूत
झुक गया वाद्य पर?
वीणा सचमुच क्या है असाध्य?

पर उस स्पन्दित सन्नाटे में
मौन प्रियंवद साध रहा था वीणा—
नहीं, स्वयं अपने को शोध रहा था।
सघन निविड़ में वह अपने को
सौंप रहा था उसी किरीट-तरु को।
कौन प्रियंवद है कि दम्भ कर
इस अभिमन्त्रित कारुवाद्य के सम्मुख आवे?
कौन बजावे
यह वीणा जो स्वयं एक जीवन-भर की साधना रही?
भूल गया था केशकम्बली राज-सभा को :
कम्बल पर अभिमन्त्रित एक अकेलेपन में डूब गया था
जिसमें साक्षी के आगे था
जीवित वही किरीट-तरु
जिसकी जड़ वासुकि के फण पर थी आधारित,
जिसके कन्धों पर बादल सोते थे
और कान में जिसके हिमगिरि कहते थे अपने रहस्य।
सम्बोधित कर उस तरु को, करता था
नीरव एकालाप प्रियंवद।

"ओ विशाल तरु!
शत-सहस्र पल्लवन-पतझरों ने जिसका नित रूप सँवारा,
कितनी बरसातों कितने खद्योतों ने आरती उतारी,
दिन भर भौंरे कर गए गुंजरित,
रातों में झिल्ली ने
अनकथ मंगल-गान सुनाए,
साँझ-सवेरे अनगिन
अनचीन्हे खग-कुल की मोद-भरी क्रीड़ा-काकलि
डाली-डाली को कँपा गई—
ओ दीर्घकाय!

ओ पूरे झारखंड के अग्रज,
तात, सखा, गुरु, आश्रय,
त्राता महच्छाय,
ओ व्याकुल मुखरित वन-ध्वनियों के
वृन्दगान के मूर्त रूप,
मैं तुझे सुनूँ,
देखूँ, ध्याऊँ
अनिमेष, स्तब्ध, संयत, संयुत, निर्वाक् :
कहाँ साहस पाऊँ
छू सकूँ तुझे!
तेरी काया को छेद, बाँधकर रची गई वीणा को
किस स्पर्धा से
हाथ करें आघात
छीनने को तारों से
एक चोट में वह संचित संगीत जिसे रचने में
स्वयं न जाने कितनों के स्पन्दित प्राण रच गए!"

"नहीं, नहीं! वीणा यह मेरी गोद रखी है, रहे,
किन्तु मैं ही तो
तेरी गोद बैठा मोद-भरा बालक हूँ,
ओ तरु-तात! सँभाल मुझे,
मेरी हर किलक
पुलक में डूब जाय :
मैं सुनूँ,
गुनूँ,
विस्मय से भर आँकें
तेरे अनुभव का एक-एक अन्तस्वर
तेरे दोलन की लोरी पर झूमूँ मैं तन्मय—
गा तू :
तेरी लय पर मेरी साँसें
भरें, पुरें, रीतें, विश्रान्ति पायें।"

"गा तू!
यह वीणा रखी है : तेरा अंग-अपंग!
किन्तु अंगी, तू अक्षत, आत्म-भरित,

रस-विद्,
तू गा :
मेरे अँधियारे अन्तस् में आलोक जगा
स्मृति का
श्रुति का—"

"हाँ, मुझे स्मरण है :
बदली—कौंध—पत्तियों पर वर्षा-बूँदों की पट-पट।
घनी रात में महुए का चुपचाप टपकना।
चौंके खग-शावक की चिहुँक।
शिलाओं को दुलराते वन-झरने के
द्रुत लहरीले जल का कल-निनाद।
कुहरे में छनकर आती
पर्वती गाँव के उत्सव-ढोलक की थाप।
गड़रियों की अनमनी बाँसुरी।
कठफोड़े का ठेका। फुलसुँघनी की आतुर फुरकन :
ओस-बूँद की ढरकन—इतनी कोमल, तरल, कि झरते-झरते मानो
हरसिंगार का फूल बन गयी।
भरे शरद् के ताल, लहरियों की सरसर-ध्वनि।
कूँजों का क्रोंकार। काँद लम्बी टिट्टिभ की।
पंख-युक्त सायक-सी हंस-बलाका।
चीड़-वनों में गन्ध-अन्ध उन्मद पतंग की जहाँ-तहाँ टकराहट
जल-प्रताप का प्लुत एकस्वर।
झिल्ली-दादुर, कोकिल-चातक की झंकार पुकारों की यति में
संसृति की साँय-साँय।

"हाँ, मुझे स्मरण है :
दूर पहाड़ों से काले मेघों की बाढ़
हाथियों का मानों चिंघाड़ रहा हो यूथ।
घरघराहट चढ़ती बहिया की।
रेतीले कगार का गिरना छप्-छड़ाप।
झंझा की फुफकार, तप्त,
पेड़ों का अरराकर टूट-टूटकर गिरना।
ओले की कर्री चपत।
जमे पाले से तनी कटारी-सी सूखी घासों की टूटन।

ऐंठी मिट्टी का स्निग्ध घास में धीरे-धीरे रिसना।
हिम-तुषार के फाहे धरती के घावों को सहलाते चुपचाप।
घाटियों में भरती
गिरती चट्टानों की गूँज–
काँपती मन्द्र गूँज–अनुगूँज–साँस खोयी-सी, धीरे-धीरे नीरव।"

"मुझे स्मरण है :
हरी तलहटी में, छोटे पेड़ों की ओट ताल पर
बँधे समय वन-पशुओं की नानाविध आतुर-तृप्त पुकारें :
गर्जन, घुर्घुर, चीख, मूँक, हुक्का, चिचियाहट।
कमल-कुमुद-पत्रों पर चोर-पैर द्रुत धावित
जल-पंछी की चाप।
थाप दादुर की चकित छलाँगों की
पन्थी के घोड़े की टाप अधीर।
अचंचल धीरज थाप भैंसों के भारी खुर की।"

"मुझे स्मरण है :
उझक क्षितिज से
किरण भोर की पहली
जब तकती है ओस-बूँद को
उस क्षण की सहसा चौंकी-सी सिहरन।
और दुपहरी में जब
घास-फूस अनदेखे खिल जाते हैं
मोमखियाँ असंख्य झूमती करती हैं गुंजार–
उस लम्बे विलमे क्षण का तन्द्रालस ठहराव।
और साँझ को
जब तारों की तरल कँपकँपी
स्पर्शहीन झरती है–
मानो नभ में तरल नयन ठिठकी
निःसंख्य सवत्सा युवती माताओं के आशीर्वाद–
उस सन्धि-निमिष की पुलकन लीयमान।"

"मुझे स्मरण है :
और चित्र प्रत्येक
स्तब्ध, विजड़ित करता है मुझको।

सुनता हूँ मैं
पर हर स्वर-कम्पन लेता है मुझको मुझसे सोख—
वायु-सा नाद-भरा मैं उड़ जाता हूँ।...
मुझे स्मरण है—
पर मुझको मैं भूल गया हूँ :
सुनता हूँ मैं—
पर मैं मुझसे परे, शब्द में लीयमान।"

"मैं नहीं, नहीं! मैं कहीं नहीं!
ओ रे तरु! ओ वन!
ओ स्वर-संभार!
नाद-मय संसृति!
ओ रस-प्लावन।
मुझे क्षमा कर-भूल अकिंचनता को मेरी—
मुझे ओट दे— ढँक ले— छा ले—
ओ शरण्य!
मेरे गूँगेपन को तेरे सोये स्वर-सागर का ज्वार डुबा ले!
आ, मुझे भुला,
तू उतर बीन के तारों में
अपने से गा
अपने को गा—
अपने खग-कुल को मुखरित कर
अपनी छाया में पले मृगों की चौकड़ियों को ताल बाँध,
अपने छायातप, वृष्टि-पवन, पल्लव-कुसुमन की लय पर
अपने जीवन-संचय को कर छन्दयुक्त,
अपनी प्रज्ञा को वाणी दे!
तू गा, तू गा—
तू सन्निधि पा— तू खो
तू आ—तू हो—तू गा। तू गा!"

राजा जागे।
समाधिस्थ संगीतकार का हाथ उठा था—
काँपी थीं उँगलियाँ।
अलग अँगड़ाई लेकर मानो जाग उठी थी वीणा :
किलक उठे थे स्वर-शिशु।

नीरव पदा रखता जालिक मायावी
सधे करों से धीरे धीरे धीरे
डाल रहा था जाल हेम-तारों का।

सहसा वीणा झनझना उठी—
संगीतकार की आँखों में ठंडी पिघली ज्वाला-सी झलक गयी—
रोमांच एक बिजली-सा सबके तन में दौड़ गया।
अवतरित हुआ संगीत
स्वयम्भू
जिसमें सोता है अखंड
ब्रह्मा का मौन
अशेष प्रभामय।

डूब गए सब एक साथ।
सब अलग-अलग एकाकी पार तिरे।

राजा ने अलग सुना :
जय देवी यशःकाय
वरमाल लिये
गाती थी मंगल-गीत,
दुन्दुभी दूर कहीं बजती थी,
राज-मुकुट सहसा हलका हो आया था, मानो हो फूल सिरिस का
ईर्ष्या, महदाकांक्षा द्वेष, चाटुता
सभी पुराने लुगड़े से झर गए, निखर आया था जीवन-कांचन
धर्म-भाव से जिसे निछावर वह कर देगा।

रानी ने अलग सुना :
छँटती बदली में एक कौंध कह गयी—
तुम्हारे ये मणि-माणक, कंठहार, पट-वस्त्र,
मेखला-किंकिणि—
सब अन्धकार के कण हैं ये! आलोक एक है
प्यार अनन्य! उसी की
विद्युल्लता घेरती रहती है रस-भार मेघ को,
थिरक उसी की छाती पर उसमें छिपकर सो जाती है
आश्वस्त, सहज विश्वास-भरी।

रानी
उस एक प्यार को साधेगी।

सबने भी अलग-अलग संगीत सुना।
इसको
वह कृपा-वाक्य था प्रभुओं का।
उसको
आतंक-मुक्ति का आश्वासन!
इसको
वह भरी तिजोरी में सोने की खनक।
उसे
बटुली में बहुत दिनों के बाद अन्न की सोंधी खुशबू।
किसी एक को नयी वधू की सहमी-सी पायल-ध्वनि।
किसी दूसरे को शिशु की किलकारी।
एक किसी को जाल-फँसी मछली की तड़पन–
एक अपर को चहक मुक्त नभ में उड़ती चिड़िया की।
एक तीसरे को मंडी की ठेलमठेल, गाहकों की आस्पर्धा भरी बोलियाँ
चौथे को मन्दिर की ताल-युक्त घंटा-ध्वनि।
और पाँचवें को लोहे पर सधे हथौड़े की सम चोटें
और छठे को लंगर पर कसमसा रही नौका पर लहरों की अविराम थपक।
बटिया पर चमरौधे की रूँधी चाप सातवें के लिये–
और आठवें को कुलिया की कटी मेड़ से बहते जल की छुल-छुल।
इसे गमक नट्टिन की एड़ी की घुँमरू की।
उसे युद्ध का ढोल।
इसे संझा-गोधूली की लघु टुन-टुन–
उसे प्रलय का डमरू-नाद।
इसको जीवन की पहली अँगड़ाई
पर उसको महाजृम्भ विकराल काल!
सब डूबे, तिरे, झिपे, जागे–
हो रहे वंशवद, स्तब्ध :
इयत्ता सबकी अलग-अलग जागी,
संघीत हुई,
पा गयी विलय।

वीणा फिर मूक हो गयी।
साधु! साधु!!

राजा सिंहासन से उतरे—
रानी ने अर्पित की सतलड़ी माल,
"हे स्वरजित्! धन्य! धन्य!"

संगीतकार
वीणा को धीरे से नीचे रख, ढँक—मानो
गोदी में सोये शिशु को पालने डालकर मुग्धा माँ
हट जाय, दीठ से दुलराती—
उठ खड़ा हुआ।
बढ़ते राजा का हाथ उठा करता आवर्जन,
बोला :
"श्रेय नहीं कुछ मेरा :
मैं तो डूब गया था स्वयं शून्य में—
वीणा के माध्यम से अपने को मैंने
सब कुछ को सौंप दिया था—
सुना आपने जो यह मेरा नहीं,
न वीणा का था :
वह तो सब कुछ ही तथता थी
महाशून्य
वह महामौन
अविभाज्य, अनाप्त, अद्रवित, अप्रमेय
जो शब्दहीन
सबमें गाता है।"
नमस्कार कर मुड़ा प्रियंवद केशकम्बली।
लेकर कम्बल गेह-गुफा को चला गया।
उठ गई सभा। सब अपने-अपने काम लगे।
युग पलट गया।

प्रिय पाठक! यों मेरी वाणी भी
मौन हुई।

अल्मोड़ा 18-20 जून, 1961

एक दिन चुक जायगी ही बात

बात है :
चुकती रहेगी
एक दिन चुक जायगी ही—बात।
जब चुक चले तब
उस बिन्दु पर
जो मैं बचूँ
(मैं बचूँगा ही!)
उसको मैं कहूँ—
इस मोह में अब और कब तक रहूँ?

चुक रहा हूँ मैं।
स्वयं जब चुक चलूँ
तब भी बच रहे जो बात—
(बात ही तो रहेगी!)
उसी को कहूँ :
यह सम्भावना—
यह नियति—कवि की
सहूँ।
उतना भर कहूँ :
—इतना कर सकूँ!
जब तक चुकूँ!

नई दिल्ली, दीवाली, 15 नवम्बर, 1963

कितनी नावों में कितनी बार

कितनी दूरियों से कितनी बार
कितनी डगमग नावों में बैठकर
मैं तुम्हारी ओर आया हूँ
ओ मेरी छोटी-सी ज्योति!
कभी कुहासे में तुम्हें न देखता भी
पर कुहासे की ही छोटी-सी रुपहली झलमल में
पहचानता हुआ तुम्हारा ही प्रभा-मण्डल।
कितनी बार मैं,
धीर, आश्वस्त, अक्लान्त—
ओ मेरे अनबुझे सत्य! कितनी बार...
और कितनी बार कितने जगमग जहाज
मुझे खींचकर ले गए हैं कितनी दूर
किन पराये देशों की बेदर्द हवाओं में
जहाँ नंगे अँधेरों को
और भी उघाड़ता रहता है
एक नंगा, तीखा, निर्मम प्रकाश—
जिसमें कोई प्रभा-मंडल नहीं बनते
केवल चौंधियाते हैं तथ्य, तथ्य—तथ्य—
सत्य नहीं, अन्तहीन सच्चाइयाँ...
कितनी बार मुझे
खिन्न, विकल, संत्रस्त—
कितनी बार!

ल्युब्लयाना (युगोस्लाविया), 30 मई, 1966

नाता-रिश्ता

तुम सतत
चिरन्तन छिने जाते हुए
क्षण का सुख हो—
(इसी में उस सुख की अलौकिकता है) :
भाषा की पकड़ में से फिसली जाती हुई
भावना का अर्थ—
(वही तो अर्थ सनातन है) :
वह सोने की कनी जो उस अंजलि-भर रेत में थी जो
धोकर अलग करने में—
मुट्ठियों से फिसलकर नदी में बह गई—
(उसी अकाल, अकूल नदी में जिसमें से फिर
अंजलि भरेगी
और फिर सोने की कनी फिसलकर बह जायेगी।)

तुम सदा से
वह गान हो जिसकी टेक-भर
गाने से रह गयी।
मेरी वह फूस की मड़िया जिसका छप्पर तो
हवा के झोंकों के लिए रह गया
पर दीवारें सब बेमौसम की वर्षा में बह गयीं...
यही सब हमारा नाता-रिश्ता है—इसी में मैं हूँ
और तुम हो :
और इतनी कही बात है जो बार-बार कही गयी
और हर बार कही जाने में ही कही जाने से रह गयी।

2

तो यों, इसलिए
यहीं अकेले में

बिना शब्दों के
मेरे इस हठी गीत को जागने दो, गूँजने दो
मौन में लय हो जाने दो :
यहीं
जहाँ कोई देखता-सुनता नहीं
केवल मरु का रेत-लदा झोंका
डँसता है और फिर एक किरकिरी
हँसी हँसाता बढ़ जाता है—
यहीं
जहाँ रवि तपता है
और अपनी ही तपन से जनी धूल-कनी की
यवनिका में झपता है—
यहीं
जहाँ सब कुछ दीखता है,
पर मब रंग सोख लिए गए हैं
इसलिए हर कोई सीखता है कि
सब कुछ अन्धा है।
जहाँ सब कुछ साँय-साँय गूँजता है
और निरे शोर में संयत स्वर धोखे से
लड़खड़ाकर झड़ जाता है।

3

यहीं, यहीं और अभी
इस सधे सन्धि-क्षण में
इस नये जनमे, नये जागे,
अपूर्व, अद्वितीय—अभागे
मेरे पुण्यगीत को
अपने अन्तःशून्य में ही तन्मय हो जाने दो—
यों अपने को पाने दो!

4

वही, वैसे ही अपने को पा ले, नहीं तो
और मैंने कब, कहाँ तुम्हें पाया है?

हाँ—बातों के बीच की चुप्पियों में
हँसी में उलझकर अनसुनी हो गयी आहों में
भीड़ों में भटकी हुई अनाथ आँखों में
तीर्थों की पगडंडियों में
बरसों पहले गुजरे हुए यात्रियों की
दाल-बाटी की बची-बुझी राखों में!

5

उस राख का पाथेय लेकर मैं चलता हूँ—
उस मौन की भाषा में मैं गाता हूँ :
उस अलक्षित, अपरिमेय निमिष में
मैं तुम्हारे पास जाता हूँ, पर
मैं, जो होने में ही अपने को छलता हूँ—
यों अपने अनस्तित्व में तुम्हें पाता हूँ!

1965

सन्ध्या-संकल्प

यह सूरज का जपा-फूल
नैवेद्य चढ़ चला
सागर-हाथों
अम्बा तिमिरमयी को :
रुको साँस-भर,
फिर मैं यह पूजा-क्षण
तुमको दे दूँगा।

क्षण अमोघ है, इतना मैंने
पहले भी पहचाना है
इसलिए साँझ को नश्वरता से नहीं बाँधता।
किन्तु दान भी है अमोघ, अनिवार्य,
धर्म :
यह लोकालय में
धीरे-धीरे जान रहा हूँ
(अनुभव के सोपान!)
और
दान वह मेरा एक तुम्हीं को है।
यह एकोन्मुख तिरोभाव—
इतना-भर मेरा एकान्त निजी है—
मेरा अर्जित :
वही दे रहा हूँ
और मेरे राग-सत्य!
मैं
तुम्हें।

ऐसे तो हैं अनेक
जिनके द्वारा
मैं जिया गया;

ऐसा है बहुत
जिसे मैं दिया गया।
यह इतना
मैंने दिया।
अल्प यह लय-क्षण
मैंने जिया।

आह, यह विस्मय!
उसे तुम्हें दे सकता हूँ मैं।
उसे दिया।
इस पूजा-क्षण में
सहज, स्वतः प्रेरित
मैंने संकल्प किया।

6 मार्च, 1963

एक सन्नाटा बुनता हूँ

पहले मैं सन्नाटा बुनता हूँ।
उसी के लिए स्वर-तार चुनता हूँ।

ताना : ताना मज़बूत चाहिए : कहाँ से मिलेगा?
पर कोई है जो उसे बदल देगा,
जो उसे रसों में बोर कर रंजित करेगा, तभी तो वह खिलेगा।
मैं एक गाढ़े का तार उठाता हूँ :
में तो मरण से बँधा हूँ; पर किसी के—और इसी तार के सहारे
काल से पार पाता हूँ।

फिर बाना : पर रंग क्या मेरी पसन्द के हैं?
अभिप्राय भी क्या मेरे छन्द के हैं ?
पाता हूँ कि मेरा मन ही तो गिर्री है, डोरा है;
इधर से उधर, उधर से इधर, हाथ मेरा काम करता है
नक्शा किसी और का उभरता है।
यों बुन जाता है जाल सन्नाटे का
और मुझमें कुछ है कि उससे घिर जाता हूँ।
सच मानिए, मैं नहीं है वह
क्योंकि मैं जब पहचानता हूँ तब
अपने को उस जाल के बाहर पाता हूँ।

फिर कुछ बँधता है जो मैं न दूँ पर मेरा है,
वही कल्पक है।
जिसका कहा भीतर कहीं सुनता हूँ :
'तो तू क्या कवि है ? क्यों और शब्द जोड़ना चाहता है?
कविता तो यह रखी है।'

हाँ तो। वही मेरी सखी है, मेरी सगी है।

जिसके लिए फिर
दूसरा सन्नाटा बुनता हूँ।

चुपचाप नदी

चुप-चाप
सरकती है नदी,
चुप-चाप
झरती है बरफ़,
नदी के जल में
गल जाती है।
लटकी हैं छायाएँ
निष्कम्प
पानी में।

और एक मेरे भीतर नदी है स्मृतियों की
जो निरन्तर टकराती है मेरी दुरन्त वासनाओं की चट्टानों से
जिस नदी की जिन चट्टानों से जिस टकराहट से
कोई शब्द नहीं होता
और जिसके प्रवाह में
बरफ़ की लड़ी की
छाया-सा
लटका हूँ मैं।

हाइडेलबर्ग, फरवरी, 1976

नाच

एक तनी हुई रस्सी है जिस पर मैं नाचता हूँ।
जिस तनी हुई रस्सी पर मैं नाचता हूँ
वह दो खम्भों के बीच है।
रस्सी पर मैं जो नाचता हूँ
वह एक खम्भे से दूसरे खम्भे तक का नाच है।
दो खम्भों के बीच जिस तनी हुई रस्सी पर मैं नाचता हूँ
उस पर तीखी रोशनी पड़ती है
जिसमें लोग मेरा नाच देखते हैं।
न मुझे देखते हैं जो नाचता है
न रस्सी को जिस पर मैं नाचता हूँ
न खम्भों को जिस पर रस्सी तनी है
न रोशनी को ही जिसमें नाच दीखता है :
लोग सिर्फ़ नाच देखते हैं।
पर मैं जो नाचता हूँ
जो जिस रस्सी पर नाचता हूँ
जो जिन खम्भों के बीच है
जिस पर जो रोशनी पड़ती है
उस रोशनी में उन खम्भों के बीच उस रस्सी पर
असल में मैं नाचता नहीं हूँ।
मैं केवल उस खम्भे से इस खम्भे तक दौड़ता हूँ
कि इस या उस खम्भे से रस्सी खोल दूँ
कि तनाव चुके और ढील में मुझे छुट्टी हो जाये—
पर तनाव ढीलता नहीं
और मैं इस खम्भे से उस खम्भे तक दौड़ता हूँ
पर तनाव वैसा ही बना रहता है
सब कुछ वैसा ही बना रहता है।
और वही मेरा नाच है जिसे सब देखते हैं

मुझे नहीं
रस्सी को नहीं
खम्भे नहीं
रोशनी नहीं
तनाव भी नहीं
देखते हैं—नाच!

मार्च, 1976

मैंने पूछा क्या कर रही हो

मैंने पूछा
यह क्या बना रही हो?
उसने आँखों से कहा
धुआँ पोंछते हुए कहा :
मुझे क्या बनाना है ! सब-कुछ
अपने आप बनता है
मैंने तो यही जाना है।
कह लो मुझे भगवान ने यही दिया है।

मेरी सहानुभूति में हठ था :
मैंने कहा : कुछ तो बना रही हो
या जाने दो, न सही—
बना नहीं रही—
क्या कर रही हो ?
वह बोली : देख तो रहे हो
छीलती हूँ
नमक छिड़कती हूँ
मसलती हूँ
निचोड़ती हूँ
कोड़ती हूँ
कसती हूँ
फोड़ती हूँ
फेंटती हूँ
महीन बिनारती हूँ
मसालों से सँवारती हूँ
देगची में पलटती हूँ
बना कुछ नहीं रही
बनता जो है—यही सही है—
अपने-आप बनता है

पर जो कर रही हूँ—
एक भारी पेंदे
मगर छोटे मुँह की
देगची में सब कुछ झोंक रही हूँ
दबाकर अँटा रही हूँ
सीझने दे रही हूँ।
मैं कुछ करती भी नहीं—
मैं काम सलटती हूँ।

मैं जो परोसूँगी
जिनके आगे परोसूँगी
उन्हें क्या पता है
कि मैंने अपने साथ क्या किया है?

नई दिल्ली, मार्च, 1980

जरा व्याध

मर्माहत ही मिले मुझे
फिर जालिक के ही पाश काट
पापी को करते पाप मुक्त
वह चले गये।

नर में ही बार-बार नारायण
मरते हैं भरते हैं उसमें
व्यथा बोध, उसका ही काम अधूरा है।
नारायण ? उनका तो खाता सदा शुद्ध है, पूरा है।
दे चुके कर्मफल मुक्ति, पाप से मुक्ति,
स्वयं वह मुक्त हुए।

नारायण ! नहीं ! व्याध को ऐसे
मुक्तिबोध से मुक्त करो!
जिसने जीवन में एक लक्ष्य ही जाना—
शर-सन्धान अनवरत—
उसे सन्धानी ही रहने दो !
न दो क्षमा ! उसके बन्धन मत खोलो !
बँधा हुआ ही वह कितना समीप है,
कितना डूबा
साँई की छाया में !
रह-रह उठती है पुकार उसके भीतर से
शब्द हीन :
'नारायण ! नर के नारायण हे !'
मर्माहत ही मिले मुझे वह
मैं भी मर्म विद्ध
यों बँधा रहूँ
कल्पान्तरतर-कल्पान्त
पुकारा करूँ
नाम :
नारायण हे !

बिनसर, 11 जून, 1981

हेमन्त का गीत

भर ली गयी हैं पुआलें खलिहानों में :
तोड़ लिये गये हैं सब सेब : सूनी हैं डालें।
उतर चुके अंगूर—गुच्छे के गुच्छे,
हो चुके पहली पेराई के मेले :
लाल होकर काली भी पड़ गयीं बग़ीचों में क़तारें :
सूख चलीं बेलें।

झील की कोखों से जहाँ झाँकते थे
धूप से सोना-मढ़े भाप के छल्ले
वहाँ अब मँडराता है घना नीला कुहरा
मनहूस, बाँझ सन्नाटे को करता और गहरा।...

अनदेखे लाद ले गया है अपनी झोली में
काल की गली छानता हुआ कबाड़ी
न जाने कितने दिन, कितने क्षण,
कितनी अन्तहीन अनकही और अधूरी कही बातें,
कितने संकेत, कितने स्पर्श-हर्ष,
उमंगें—अकुलाहटें
सिहरनों में धुलती और साँसों से नापी हुई रातें,
ठिठकनें, आहटें;
कितने कल्पना की आग में रूपायित किए हुए सपने,
कितना माल, जो पड़ा था तो मानो रद्दी था,
पर अब उसके हाथ चला गया तो सन्देह होता है
कहीं हम ठगे तो नहीं गये?

क्योंकि नहीं तो कहाँ है वह प्यार, कहाँ हो तुम,
ओ मेरे अपने,
कहाँ हैं वे हम, जिनका निरन्तर अपने को भूलना ही
जीना और होना था—

जहाँ अपने को राख-सा फूँककर उड़ाते जाना
दोनों को पाना था?

(भर ली गयी हैं पुआलें
खलिहानों में :
तोड़ लिये गये सब सेब : सूनी हैं डालें :)
रूपायित सपने तो गये भी (आखिर सपने थे,
हम गये जाग), पर
क्या हुई वह रूपकल्पी आग?
(उतर चुके अंगूर—गुच्छे के गुच्छे,
हो चुके पेराई के मेले।
काली पड़ गयीं क़तारें : लाल होकर सूख भी चलीं बेलें।)

रूपकल्पी आग!
(तोड़ लिये गये हैं सब सेब, सूनी हैं डालें...)
आधी रात राख में कभी सुलग जाती हैं केवल सपने की
परछाइयाँ।

(खलिहानों में भर ली गयी हैं पुआलें...)

पड़ाव : थके पैर : क्या भूख ? नहीं। शीत ? नहीं।
तो कुछ तो कहो ? कुछ नहीं, आँखों की दीठ मुझे घेरे रहे,
कुछ और नहीं चाहिए—उसी में गरिमाई है,
तृप्ति है, सहलाहट है, उनींदा है जो नींद से भी मीठा है...
दूर-दूर, छुईमुई-से, पर कितने तुम मेरे रहे...

भोर : चोरी से नहीं, अनजाने, अचानक
मैंने तुम्हें झरने पर देखा।
आह! ऐसे धुलते हैं तार सोने के,
ऐसे मँजता है कुन्दन!
ऐसे, मानो ओस के प्रभा-मंडल से घिरा हुआ
पार की धूप में चमक उठता है
सवेरे का फूल!
अरे ओ ढीठ पवन, मत कँपा इस वल्ली को
नयी धूप में विकसने दे—

छोटी-छोटी लहरों को
मूँगे की-सी झाँई देते
पाँवों की छाँव में मेरा मन बसने दे।
(झील की कोखों से झाँकते थे
भाप के सोना-मढ़े छल्ले
वहाँ अब मँडराता है घना नीला कुहरा...)
हिम-शिखर की तलहटी में
निर्जन झुरमुट,
बीच में तिरछी किरणों-बुना आसन :
आस-पास साँस रोके-सा झुटपुट।
एक लय है ऊपर, पत्तियों के मर्मर की,
एक लय भीतर, घनी, तीव्रतर साँसों की—
कैसा है यह संगीत जो पहले कभी सुना नहीं!
सुनो! नहीं अभी नहीं—सुना तो
सब दूसरा हो जाएगा!

तो दूसरा ही हो—वरंच दूसरा तो हो चुका!—
क्या अभी वही हो तुम? क्या वही हूँ—क्या हूँ भी मैं?
यों— क्या जाने क्या हमसे बना, क्या बना नहीं,
किरणों का आसन सिमट गया,
सिहरन बची रही;
पीछे झुटपुटे ने झुरमुट से
न जाने क्या कही या नहीं कही।
पर हिम-शिखर हमारे साथ आया
बल्कि चाँदनी का एक मौर लाया
जो उसने तुम्हारे गले डाल दिया
और जिसे मैं ताका किया, ताका किया
भोर तक :
जिसे छूने बढ़ी मेरी उँगलियाँ तो सकुचीं,
फिर रोमावली के साथ बह आईं
भुजा से तुम्हारी उँगलियों के छोर तक—
फिर गुँथे हाथ
फिर गूँजा संगीत वही
फिर एक बार—
दुर्निवार...

(काली पड़ गयी क़तारें : लाल होकर सूख भी चलीं बेलें।
उतर चुके अंगूर—गुच्छे के गुच्छे—
हो चुके पेराई के मेले।)

आग के कितने रूप
बसे हैं मेरे मन में!
एक आग जो पकाती है
एक जो मीठा घाम है
एक जो आँखों में सुलगती है
एक जो झुलसाती है
एक जो साक्षी है
एक जो सहलाती है, अदृश्य बल देती है, जो न हो तो हम
रीते हैं,
एक जो उलटे धौंकनी को चलाती है, जिसे हम हर साँस
के साथ पीते हैं,
एक जिसकी सोंधी खुदबुद बताती है
कि सपने जहाँ हैं, हैं,
पर एक धरती है जिस पर हम टिके हैं, चलते हैं, जीते हैं...

आग के कितने-कितने रूप!
ये सभी हमने जलायी थीं
साथ-साथ
सबमें हम जले थे,
साथ-साथ,
सोचा था कि ऐसा होगा,
चाहा था कि ऐसा हो,
—पर क्या चाहा था?
कि एक मीठी सिगड़ी हो हमारे हाथों में
या कि एक जलता टीका हो हमारे माथों पर ?
(झील की कोखों में जमता है घना नीला कुहरा
मनहूस, बाँझ सन्नाटे को करता और गहरा...)
हमारे मिले हाथों के सम्पुट में
हमने देखा जीवन को पनपते,
कन्धे से कन्धा जोड़, हाथ गहे
हमने सहा

ओठों पर अन्तिम साँसों को कँपते—
आग का साक्ष्य? कितने साक्ष्य!
हमारा निजी अनुभव का साक्ष्य
जीवन-मरण का!

(उतर चुके अंगूर—गुच्छे के गुच्छे,
तोड़ लिये गये हैं सब सेब, सूनी हैं डालें...
हो चुके पहली पेराई के मेले
लाल होकर काली भी पड़ गईं बग़ीचों की क़तारें :
उतर चुके अंगूर : सूख गयीं बेलें।)
काली पड़ गयी आग। धुँधली पड़ गयी साख
उसकी और हमारी!
थक जाती है याद भी ढोते, उड़ाते, परत पर परत राख
जब तक कि मिले कहीं सुलगती चिनगारी!

झील की कोख से उमड़कर फैल जाता है कुहरा
मनहूस, बाँझ सन्नाटा होता जाता है और, और गहरा!
सूख चुकीं घासें, नुच चुके पेड़-पात,
नंगी हो चट्टानें भी धुन्ध में दुबक गयीं।
और अब कहाँ है प्रकाश, या आकाश?
वही मनहूसियत उस पर भी पुत गयी।
रात, रात, रात, रात,
ठिठुरन—संवत्सर के मरने की कालिमा
सब कुछ ढँक गयी...

ब्लेद (युगोस्लाविया), 23 जून, 1966

टेर रहा सागर

जब-जब सागर में
मछली तड़पी—
तब-तब हमने उसकी गहराई को जाना।
जब-जब उल्का
गिरा टूटकर—गिरा कहाँ?—
हमने सूने को अन्तहीन पहचाना।

जो है, वह है,
रहस्य अज्ञेय यही
'है' ही है अपने-आप :
जो 'होता' है, उसका होना ही
जिसे जानना हम कहते
उसकी मर्यादा, माप।

जो है, वह अन्तहीन
घेरे है उसको जिसमें
जो 'होता' है होता है,
जिसमें ज्ञान हमारा
अर्थ टोहता, पाता,
बल खाता टटोलता
बढ़ता, खोता है।

अर्थ हमारा
जितना है, सागर में नहीं
हमारी मछली में है
सभी दिशा में सागर जिसको घेर रहा है।
हम उसे नहीं, वह हमको टेर रहा है।

नयी दिल्ली, 10 मार्च, 1959

प्यार

प्यार

एक यज्ञ का चरण
जिसमें मैं मेध्य हूँ।

प्यार

एक अचूक वरण
कि किसके द्वारा
मैं मर्म में वेध्य हूँ।

नई दिल्ली, 29 जुलाई, 1968

चिड़िया ने ही कहा

मैंने कहा
कि 'चिड़िया' :
मैं देखता रहा—
चिड़िया चिड़िया ही रही।
फिर-फिर देखा
फिर-फिर बोला,
'चिड़िया'।
चिड़िया चिड़िया ही रही।

फिर-जाने कब—
मैंने देखा नहीं :
भूल गया था मैं क्षण-भर को तकना!—
मैं कुछ बोला नहीं—
खो गई थी क्षण-भर को स्तब्ध-चकित-सी वाणी,
शब्द गये थे बिखर, फटी छीमी से जैसे
फटकर खो जाते हैं बीज
अनयना रवहीना धरती में
होने को अंकुरित अजाने—
तब-जाने कब—
चिड़िया ने ही कहा
कि 'चिड़िया'।
चिड़िया ने ही देखा
वह चिड़िया थी।
चिड़िया
चिड़िया नहीं रही है तब से :
मैं भी नहीं रहा मैं।
कवि हूँ!
कहना सब सुनना है, स्वर केवल सन्नाटा।

कहीं बड़े गहरे में
सभी स्वैर हैं नियम,
सभी सर्जन केवल
आँचल पसार कर लेना।

देहरादून, 18 अगस्त, 1959

वीणा

पहले उसने कहा देखो देखो आकाश वह प्रकाश का सागर अछोर
और मैंने देखा तिरते पंछी फैलाए डैने मानो नावें
पसारे पाल जातीं दूर अजाने किनारे की ओर

फिर उसने कहा देखो-देखो वह विस्तार
हरियाली का और मैंने देखा धूप में चमकते
पत्ते और गहरी छायाएँ असंख्य पतंगों-झींगुरों की झनकार
और मर्मर और गुंजार से सिहरी और छिपते
सरसराते सोते और अटकते झरते सुदूर प्रपात

फिर उसने कहा देखो देखो पर देखो तो सही ज़रा
ये ठट्ठ के ठट्ठ लोग और मैंने उन्हें देखा
मानो बहिया उमड़ती आ रही और उनकी आँखों में ठहरा
दुःख और भूख और लालसा और घृणा और करुणा और व्यथा अनकही
पर फिर एकाएक उसका तना फुसफुसाता स्वर
और घना होकर बोला पर क्या

तुमने भीतर भी देखा अन्धकार में टटोला और मेरा
जी डोल गया एक झुरझुरी मुझे कँपाती रही और मैं डूब गया
पर तब फिर उसने कहा मगर वह तो है वह सागर प्रकाश का
और वह फैला अछोर और एक विस्तार हरियाली का
और वह बिछा था चारों ओर और लोग और
लोग थे ठट्ठ के ठट्ठ लेते हिलोर
और उनके बीच उनसे घिरा मैं विभोर उनके बीच उनके बीच...

1975

ना जाने केहि भेस

खेतों में
मद और मूसलों की
दोहरी मार से त्रस्त-ध्वस्त
बिछे थे यादव-वीर।
सूर्य अस्त, चन्द्र अस्त,
वनों के महावृक्षों के बीच बढ़ा
—गुफ़ा में फैलते सीरे-सा!—
पसरा था अन्धकार!

और मैं था कि सजग, सावधान,
सधे पाँव, तान धनुष, वाण चढ़ा
खोजता था मृग कृष्णसार!

सुना तभी स्वर
शर सन्धान कर
छोड़ दिया वाण!
लक्ष्य-सिद्ध!

यों मुझे मिले वह
खुला गिरा मोर-पंख का किरीट,
वैजयन्ती-माल ख़स्त,
छूटी पड़ी बाँसुरी,
मलिनाते पैरों के सूक्ष्म घाव से निकल रेंग रहा
सृपी शुभ्र, आयु-शेष :
आह, मुझे इस भेस मिले
नारायण :
मेरे ही वाण से विद्ध !

अप्रैल, 1976

देवासुर

1

ऋषियों की अस्थियों से भी
सुरगण केवल अस्त्र ही बना पाये
क्यों नहीं उनसे खाद-बनी
जो अकाल अनावृष्टि में
रसा वसुन्धरा को फलवती बनाये—
लोक-जन के काम आये ?

2

असुर सदैव बली रहेंगे
क्योंकि सुर तो केवल
किसी के भरोसे हैं—
ऋत पर ही सही-निर्भर हैं।
और असुर
—दुरभि सन्धि में लगे सही—
निरनतर
कर्म-तत्पर हैं।

3

जिस ठंडे सीलन-भरे घेरे में
लोग ठिठुरते-मरते हैं
वह मन्दिर की गीली छाँह का है
देवता के घर के कारण
देवता की धूप उन्हें कभी नहीं मिलती।

देहरी पर

मन्दिर तुम्हारा है
देवता हैं किसके?
प्रणति तुम्हारी है
फूल भरे किसके?

नहीं, नहीं, मैं झरा, मैं झुका,
मैं ही तो मन्दिर हूँ,
ओ देवता ! तुम्हारा।

वहाँ भीतर, पीठिका पर टिके
प्रसाद से भरे तुम्हारे हाथ
और मैं यहाँ देहरी के बाहर ही
सारा रीत गया।

नई दिल्ली, 1 मई, 1968

रूप-केकी

रूप-केकी नाचते हैं,
सार-घन! बरसो।

बहुत विस्तृत, बहुत सूना
है गगन जिसको नहीं
उनकी पुकारें भर सकेंगी,

बहुत है गरिमा धरा की
नहीं उसके कर्ष-बल से आत्म-विभोर भी
उनकी उड़ान उबर सकेगी।

तुम्हीं अपनी दामिनी मायाविनी की
लेखनी अमरत्वदायिनि से
उन्हें परसो।
सार-घन! सरसो।

रूप-केकी नाचते हैं,
सार-घन! बरसो।

क्योतो-ओसाका (रेल में), 16 दिसम्बर, 1957

चीनी चाय पीते हुए

चाय पीते हुए
मैं अपने पिता के बारे में सोच रहा हूँ।

आपने कभी
चाय पीते हुए
पिता के बारे में सोचा है ?

अच्छी बात नहीं है
पिताओं के बारे में सोचना।

अपनी कलई खुल जाती है।

हम कुछ दूसरे हो सकते थे।
पर सोच की कठिनाई यह है कि दिखा देता है
कि हम कुछ दूसरे हुए होते
तो पिता के अधिक निकट हुए होते
अधिक उन जैसे हुए होते।
कितनी दूर जाना होता है पिता से
पिता जैसा होने के लिए!

पिता भी
सवेरे चाय पीते थे
क्या वह भी
पिता के बारे में सोचते थे—
निकट या दूर ?

मैंने आहुति बन कर देखा

मैं कब कहता हूँ जग मेरी दुर्धर गति के अनुकूल बने?
मैं कब कहता हूँ जीवन-मरु नन्दन-कानन का फूल बने?

काँटा कठोर है, तीखा है, उसमें उसकी मर्यादा है,
मैं कब कहता हूँ वह घट कर प्रान्तर का ओछा फूल बने?

मैं कब कहता हूँ मुझे युद्ध में कहीं न तीखी चोट मिले?
मैं कब कहता हूँ प्यार करूँ तो मुझे प्राप्ति की ओट मिले?

मैं कब कहता हूँ विजय करूँ— मेरा ऊँचा प्रासाद बने?
या पात्र जगत् की श्रद्धा की मेरी धुँधली-सी याद बने?

पथ मेरा रहे प्रशस्त सदा, क्यों विकल करे यह चाह मुझे?
नेतृत्व न मेरा छिन जावे, क्यों इसकी हो परवाह मुझे?

मैं प्रस्तुत हूँ चाहे मेरी मिट्टी जनपद की धूल बने—
फिर उस धूली का कण-कण भी मेरा गति-रोधक शूल बने।

अपने जीवन का रस दे कर जिसको यत्नों से पाला है—
क्या वह केवल अवसाद— मलिन झरते आँसू की माला है?

वे रोगी होंगे प्रेम जिन्हें अनुभव-रस का कटु प्याला है—
वे मुर्दे होंगे प्रेम जिन्हें सम्मोहन-कारी हाला है!

मैंने विदग्ध हो जान लिया, अन्तिम रहस्य पहचान लिया—
मैंने आहुति बन कर देखा यह प्रेम यज्ञ की ज्वाला है !

मैं कहता हूँ मैं बढ़ता हूँ, मैं नभ की चोटी चढ़ता हूँ,
कुचला जा कर भी धूली-सा आँधी-सा और उमड़ता हूँ!

मेरा जीवन ललकार बने, असफलता ही असि-धार बने,
इस निर्मम रण में पग-पग का रुकना ही मेरा वार बने!

भव सारा तुझको है स्वाहा सब कुछ तप कर अंगार बने—
तेरी पुकार-सा दुर्निवार मेरा यह नीरव प्यार बने!

बड़ोदरा, 15 जुलाई, 1937

पावस प्रातः शिलङ्

भोर बेला। सिंची छत से ओस की तिप्-तिप्! पहाड़ी काक
की विजन को पकड़ती-सी क्लान्त बेसुर डाक—
'हाक् ! हाक् ! हाक् !'

मत सँजो यह स्निग्ध सपनों का अलस सोना—
रहेगी बस एक मुट्ठी खाक!
'थाक् ! थाक् ! थाक् !'

शिलङ्, 12 जुलाई, 1947

क्वाँर की बयार

इतराया यह मौर ज्वार का क्वाँर की बयार चली,
शशि गगन-पार हँसे न हँसे– शेफाली आँसू ढार चली!
नभ में रवहीन दीन बगुलों की डार चली;
मन की सब अनकही रही पर मैं बात हार चली!

इलाहाबाद, अक्टूबर, 1948

मुझे आज हँसना चाहिए

एक दिन मैं
राह के किनारे मरा पड़ा पाया जाऊँगा
तब मुड़-मुड़ कर साधिकार लोग पूछेंगे :
हमें पहले क्यों नहीं बताया गया
कि इसमें जान है?
पर तब देर हो चुकी होगी।
तब मैं हँस न सकूँगा।
इस बात को लेकर
मुझे आज हँसना चाहिए।

इतिहास का काम
इतने से सध जायगा कि
एक था जो-था,
अब नहीं है-पाया गया।
पर जो मैं जिया, जो मैं जिया,
जो रोया-हँसा
जो मैंने पाया, जो किया,
उसका क्या होगा?
उसके लिए भी है एक नाम :
'आया-गया'
इस नाम को लेकर
मुझे आज हँसना चाहिए।

मेरे जैसे करोड़ों हैं
जिनसे इतिहास का काम
इसी तरह सधता है :
कि थे-नहीं हैं।
उनका सुख-दुःख, पाना-खोना
अर्थ नहीं रखता, केवल होना

—या अन्ततः न होना
वे नहीं जानते इतिहास, या अर्थ;
वे हँसते हैं और लेते हैं
भगवान् का नाम।
इस बात को लेकर
मुझे आज हँसना चाहिए।

इसीलिए तो
जिनका इतिहास होता है
उनके देवता हँसते हुए नहीं होते :
कैसे हँस सकते?
ओर जिनके देवता हँसते हुए होते हैं
उनका इतिहास नहीं होता :
कैसे हो सकता ?
इसी बात को लेकर
मुझे आज हँसना चाहिए....

नई दिल्ली, अगस्त, 1969

झरने के लिये

हवा से सिहरती हैं पत्तियाँ-किन्तु झरने के लिए।
उमँगती हैं छालियाँ
किसी दूर कछार पर खा कर पछाड़ें फिर बिखरने के लिए !

मरणधर्मा है सभी कुछ किन्तु फिर भी बहो, मीठी हवा,
जीवन की क्रियाओं को तुम्हीं तो तीव्र करती हो !

बहो, मीठी हवा, तुम बहती रहो,
पगली हवा, गति बढ़े जीवन की।
उभरने के लिए
जीवन-यदपि मरने के लिए—
सिहर झरने के लिए !

दिल्ली, 26 नवम्बर 1950

सर्जना के क्षण

एक क्षण-भर और रहने दो मुझे अभिभूत :
फिर जहाँ मैंने सँजो कर और भी सब रखी हैं ज्योति : शिखाएँ
वहीं तुम भी चली जाना — ते शान्त — जोरूप।

एक क्षण भर और :
लम्बे सर्जना के क्षण कभी भी हो नहीं सकते।
बूँद स्वाती की भले हो, बेधती है मर्म सीपी का उसी निर्मम त्वरा से
वज्र जिससे फोड़ता चट्टान को
भले ही फिर व्यथा के तम में बरस पर बरस बीतें
एक मुक्ता-रूप को पकते।

दिल्ली, 17 मई, 1956

नदी की बाँक पर छाया

नदी की बाँक पर
छाया
सरकती है
कहीं भीतर
पुरानी भीत
धीरज की
दरकती है
कही फिर वध्य होता हूँ

दर्द से कोई
नहीं है ओट
जीवन को
व्यर्थ है यों
बाँधना मन को
पुरानी लेखनी
जो आँकती है
आँक जाने दो
किन्हीं सूने पपोटों को
अन्धेरे विवर में
चुप झाँक जाने दो
पढ़ी जाती नहीं लिपि
दर्द ही
फिर-फिर उमड़ता है
अन्धेरे में बाढ़
लेती
मुझे घेरे में

दिया तुमको गया
मेरी ही इयत्ता से

बनी ओ घनी छाया
दर्द फिर मुझको
अकेला
यहाँ लाया—

नदी की बाँक पर
छाया...

नयी दिल्ली, 8 नवम्बर, 1979

मेरे देश की आँखें

नहीं, ये मेरे देश की आँखें नहीं हैं
पुते गालों के ऊपर
नकली भँवों के नीचे
छाया प्यार के छलावे बिछाती
मुकुर से उठायी हुई
मुस्कान मुस्कुराती
ये आँखें—
नहीं, ये मेरे देश की नहीं हैं...

तनाव से झुर्रियाँ पड़ी कोरों की दरार से
शरारे छोड़ती घृणा से सिकुड़ी पुतलियाँ—
नहीं, ये मेरे देश की आँखें नहीं हैं...

वन डालियों के बीच से
चौंकी अनपहचानी
कभी झाँकती हैं
वे आँखें,
मेरे देश की आँखें;
खेतों के पार
मेड़ की लीकधारे
क्षिति-रेखा को खोजती
सूनी कभी ताकती हैं
वे आँखें....

उसने
झुकी कमर सीधी की
माथे से पसीना पोंछा
डलिया हाथ से छोड़ी
और उड़ी धूल के बादल के

बीच में से झलमलाते
जाड़ों की अमावस में से
मैले चाँद-चेहरे सकुचाते
में हँसी थकी पलकें
उठायीं–
और कितने काल-सागरों के पार तैर आयीं
मेरे देश की आँखें

पुरी-कोणार्क, 2 जनवरी, 1980

काँपती है

पहाड़ नहीं काँपता,
न पेड़, न तराई;
काँपती है ढाल पर के घर से
नीचे झील पर झरी
दिये की लौ की
नन्हीं परछाईं।

बर्कले, नवम्बर, 1969

घर

1

मेरा घर
दो दरवाजों को जोड़ता
एक घेरा है
मेरा घर
दो दरवाजों के बीच है
उसमें
किधर से भी झाँको
तुम दरवाजे से बाहर देख रहे होगे
तुम्हें पार का दृश्य दीख जायेगा
घर नहीं दीखेगा।

मैं ही मेरा घर हूँ।
मेरे घर में कोई नहीं रहता
मैं भी क्या
मेरे घर में रहता हूँ
मेरे घर में
जिधर से भी झाँको...

2

तुम्हारा घर
वहाँ है
जहाँ सड़क समाप्त होती है
पर मुझे जब
सड़क पर चलते ही जाना है
तब वह समाप्त कहाँ होती है ?
तुम्हारा घर...

3

दूसरों के घर
भीतर की ओर खुलते हैं
रहस्यों की ओर
जिन रहस्यों को वे खोलते नहीं।
शहरों में होते हैं
दूसरों के घर
दूसरों के घरों में
दूसरों के घर
दूसरों के घर हैं।

4

घर
है कहाँ जिनकी हम बात करते हैं
घर की बातें
सबकी अपनी हैं
घर की बातें
कोई किसी से नहीं करता
जिनकी बातें होती हैं
वे घर नहीं हैं।

5

घर
मेरा कोई है नहीं
घर मुझे चाहिए :
घर के भीतर प्रकाश हो
इसकी भी मुझे चिन्ता नहीं है;
प्रकाश के घेरे के भीतर मेरा घर हो—
इसी की मुझे तलाश है।
ऐसा कोई घर आपने देखा है?
देखा हो

तो मुझे भी उसका पता दें
न देखा हो
तो मैं आपको भी
सहानुभूति तो दे ही सकता हूँ
मानव होकर भी हम-आप
अब ऐसे घरों में नहीं रह सकते
जो प्रकाश के घेरे में हैं
पर हम
बेघरों की परस्पर हमदर्दी के
घेरे में तो रह ही सकते हैं !

सपना तो कवि तुम्हारा था

सपना तो कवि तुम्हारा था
जागे सपने से
हम।
अब उसकी स्मृतियाँ हमारे जागते यथार्थ
को रँगती है। लेकिन ये 'हम'
कौन हैं ?
—जो तुमने देखे और जो
जागने पर भी तुम्हें याद रह गये।

दन्त कथा

दाँतों में रह गयी कथा
ज्यों प्राणों में व्यथा।
क्या स्रोत, कब कहाँ उद्‌गम
हम भूले गये पूछना
या हमसे उतना धीरज न बना
शब्दों को भी हम ने
पूरा न मथा।
रत्नाकर था, पर
वहीं हलाहल भी तो था—
हम डरे रहे।

नहीं तो – आह! – अमृत
क्या वहाँ न था?

साँझ के सारस

घिर रही है साँझ
हो रहा अब समय
घर कर ले उदासी।

तौल अपने पंख, सारस, दूर के
इस देश में तू है प्रवासी।

रात! तारे हों न हों
रवहीनता को सघनतर कर दे अँधेरा
तू अदीन, लिये हिये में
चित्र ज्योति प्रकाश का
करना जहाँ तुझको सवेरा।
थिर गयी जो लहर, वह सो जाय
तीर-तरु का बिम्ब भी अव्यक्त में खो जाय
मेघ, मरु, मारुत, मरुण अब आय जो सो आय!

कर नमन बीते दिवस को, धीर!
दे उसी को सौंप
यह अवसाद का लघु पल
निकल चल! सारस अकेले!

महानगर : रात

धीरे धीरे धीरे चली जायेंगी सभी मोटरें, बुझ जायेंगी
सभी बत्तियाँ, छा जायेगा एक तनाव-भरा सन्नाटा
जो उसको अपने भारी बूटों से रौंद-रौंद चलने वाले
वर्दीधारी का
प्यारा नहीं, किन्तु वाञ्छित है।

तब जो पत्थर-पिटी पटरियों पर इन
अपने पैर पटकता और घिसटता
टप्-थब्, टप्-थब् टप्-थब्
नामहीन आयेगा—

तब जो ओट खड़ी खम्बे के अँधियारे में चेहरे की मुर्दनी छिपाये
थकी उँगलियों से सूजी आँखों से रूखे बाल हटाती
लट की मैली झालर के पीछे से बोलेगी :
'दया कीजिए, जैंटिलमैन.....'
और लगेगा झूठा जिसके स्वर का दर्द
क्योंकि अभ्यास नहीं है अभी उसे सच के अभिनय का,
तब जो ओठों पर निर्बुद्धि हँसी चिपकाए
मानो सीलन से विवर्ण दीवार पर लगा किसी पुराने
कौतुक-नाटक का फटियल-सा इश्तिहार हो,
कुत्तों के कौतूहल के प्रति उदासीन
उसके प्रति भी जिसको तुमने सन्नाटे की रक्षा पर तैनात किया है,
धुआँ-भरी आँखों से अपनी परछाईं तक बिन पहचाने,
तन्मय-हाँ,सस्ती शराब में तन्मय-
चला जा रहा होगा धीरे धीरे धीरे-

बोलो, उसको देने को है
कोई उत्तर ?
होगा ?

होगा ?
क्या ? ये खेल-तमाशे, ये सिनेमाघर और थियेटर ?
रंग-बिरंगी बिजली द्वारा किए प्रचारित
द्रव्य जिन्हें वह कभी नहीं जानेगा ?
यह गलियों की नुक्कड़-नुक्कड़ पर पक्के पेशाबघरों की सुविधा,
ये कचरा-पेटियाँ सुघड़ (आह
कचरे के लिए यहाँ कितना आकर्षण !) ?

असन्दिग्ध ये सभी सभ्यता के लक्षण हैं
और सभ्यता बहुत बड़ी सुविधा है सभ्य, तुम्हारे लिए !
किन्तु क्या जाने ठोकर खाकर कहीं रुके वह,
आँख उठाकर ताके और अचानक तुमको ले पहचान-
अचानक पूछे धीरे धीरे धीरे
'हाँ, पर मानव
तुम हो किसके लिए ?'

स्ट्रैटफ़र्ड। ऐवन, जून, 1955

हवाई यात्रा : ऊँची उड़ान

यह ऊपर आकाश नहीं, है
रूपहीन आलोक मात्र। हम अचल-पंख तिरते जाते हैं भार-मुक्त।
नीचे यह ताजी धुनी रूई की उजली बादल-सेज बिछी है
स्वप्न-मसृण : या यहाँ हमीं अपना सपना हैं?

लेकिन उतरो :
इस झीनी चादर में है जो घुटन, भेद कर जाओ।
दीखीं क्या वे दूर लकीरें—धुँधली छायाएँ—
कुछ काली, कुछ चमकीली
मुग्धकरी कुछ, कुछ जहरीली?
होती मूर्त्त महानगरी है : संसृति के अवतंस मनुज की कृति वह
अविश्राम उद्यम की कीर्तिपताका।

उतरो थोड़ा और :
घनी कुछ हो आने दो
रासायनिक धुन्ध के इस चीकट कम्बल की नई घुटन को :
मानव का समूह-जीवन इस झिल्ली में ही पनप रहा है!
उतरो थोड़ा और : धरा पर
हाँ, वह देखा, लगते ही आघात ठोस धरती का
धमनी में भारी हो आया मानव-रक्त और कानों में
गूँजा सन्नाटा संसृति का !

उतरो थोड़ा और : साँस ले गहरी
अपने उड़नखटोले की खिड़की को खोले और पैर रक्खो मिट्टी पर :
खड़ा मिलेगा वहाँ सामने तुमको
अनपेक्षित प्रतिरूप तुम्हारा
नर, जिसकी अनझिप आँखों में नारायण की व्यथा भरी है!

लन्दन-पैरिस-विएना (विमान में), जून, 1955

जन्म-दिवस

मैं मरूँगा सुखी
क्योंकि तुमने जो जीवन दिया था-
(पिता कहलाते हो तो जीवन के तत्त्व पाँच
चाहे जैसे पुंज-बद्ध हुए हों, श्रेय तो तुम्हीं को होगा-)
उससे मैं निर्विकल्प खेला हूँ-
खुले हाथों उसे मैंने वारा है-
धज्जियाँ उड़ाई हैं।

तुम बड़े दाता हो :
तुम्हारी देन मैं नहीं सूम-सी सँजोयी;
मैंने नहीं जोड़ा कुछ थोड़ा भी।
पाँच ही थे तत्त्व मेरी गूदड़ी में-मैंने नहीं माना उन्हें लाल,
चाहे यह जीवन का वरदान तुम नहीं देते बार-बार—
(अरे, मानव की जोनि ! परम संजोग है !)
किन्तु जब आए काल
लोलुप विवर-सा प्रलम्ब-कर, खुली पाए प्राणों की मंजूषा—
जावें पाँचों प्राण शून्य में बिखर :
मैं भी दाता हूँ। विसर्ग महाप्राण है।
मैं मरूँगा सुखी।

किन्तु नहीं धो रहा मैं पाटियाँ आभार की।
उनके समक्ष
दिया जिन्होंने बहुत कुछ, किन्तु जो अपने को दाता नहीं मानते—
नहीं जानते :
अमुखर नारियाँ, धूल-भरे शिशु, खग,
ओस-नमे फूल, गन्ध मिट्टी पर पहले असाढ़ के अयाने वारि-बिन्दु की,
कोटरों से झाँकती गिलहरी,
स्तब्ध, लय-बद्ध भौंरा टँका-सा अधर में,
चाँदनी से बसा हुआ कुहरा,

पीली धूप शारदीय प्रात की,
बाजरे के खेतों को फलाँगती डार हिरनों की बरसात में–
नत हूँ मैं सबके समक्ष, बार-बार मैं विनीत स्वर
ऋण-स्वीकारी हूँ-विनत हूँ।

मैं मरूँगा सुखी
मैंने जीवन की धज्जियाँ उड़ाई हैं !

मेरठ, मार्च, 1946

शरद

सिमट गई फिर नदी, सिमटने में चमक आई,
गगन के बदन में फिर नयी एक दमक आई।
दीप कोजागरी वाले कि फिर आवें वियोगी सब :
ढोलकों में उछाह और उमंग की गमक आई।

बादलों के चुम्बनों से खिल अयानी हरियाली,
शरद की धूप में न्हा-निखरकर हो गई है मतवाली।
झुंड कीरों के अनेकों फबतियाँ कसते मँडराते :
झर रही है प्रान्तर् में चुपचाप लजीली शेफाली।

बुलाती ही रही उजली कछार की खुली छाती-
उड़ चली कहीं दूर दिशा को धौली बक-पाँती।
गाज, बाज, बिजली से घेर इन्द्र ने जो रक्खी थी-
शारदा ने हँस के वो तारों की लुटा दी थाती।

मालती अनजान भीनी गन्ध का है झीना जाल फैलाती
कहीं उसके रेशमी फन्दे में शुभ्र चाँदनी पकड़ पाती!
घर-भवन-प्रासाद खँडहर हो गए किन-किन लताओं की जकड़ में
गन्ध, वायु, चाँदनी, अनंग रहीं मुक्त इठलाती!

साँझ। सूने नील में दोले है कोजागरी का दीया।
हार का प्रतीक--'दिया सो दिया, भुला दिया जो किया!'
किन्तु-शारदा चाँदनी का साक्ष्य-यह संकेत जय का है-
प्यार जो किया सो जिया, धधक रहा है हिया, पिया!

इलाहाबाद, 5 सितम्बर, 1948

पलकों का कँपना

तुम्हारी पलकों का कँपना।
तनिक-सा चमक खुलना, फिर झँपना।
तुम्हारी पलकों का कँपना।
मानो दीखा तुम्हें लजीली किसी कली के
खिलने का सपना।
तुम्हारी पलकों का कँपना।
सपने की एक किरण मुझको दो ना,
है मेरा इष्ट तुम्हारे उस सपने का कण होना।
और सब समय पराया है
बस उतना क्षण अपना
तुम्हारी पलकों का कँपना।

दिल्ली--पठानकोट, 25 जुलाई, 1961

काँगड़े की छोरियाँ

काँगड़े की छोरियाँ कुछ भोरियाँ सब गोरियाँ
लाला जी, जेवर बनवा दो खाली करो तिजोरियाँ!
काँगड़े की छोरियाँ!

ज्वार-मका की क्यारियाँ हरियाँ-भरियाँ प्यारियाँ
धन-खेतों में लहर हवा को सुना रही हैं लोरियाँ-
काँगड़े की छोरियाँ!

पुतलियाँ चंचल कालियाँ कानों झुमके-बालियाँ
हम चौड़े में खड़े लुट गए बनी न हमसे चोरियाँ-
काँगड़े की छोरियाँ!

काँगड़े की छोरियाँ कुछ भोरियाँ सब गोरियाँ।

कांगड़ा-नूरपुर (बस में), 24 जून, 1950

तुम फिर आ गए, क्वाँर?

भाले की अनी-सी बनी बगुलों की डार,
फुटकियाँ छिट-फुट गोल बाँध डोलतीं
सिहरन उठती है एक देह में
कोई तो पधारा नहीं, मेरे सूने गेह में-
तुम फिर आ गए, क्वाँर?

दिल्ली, अक्टूबर, 1950

कतकी पूनो

छिटक रही है चाँदनी, मदमाती उन्मादिनी
कलगी-मौर सजाव ले कास हुए हैं बावले
पकी ज्वार से निकल शशों की जोड़ी गई फलाँगती–
सन्नाटे में बाँक नदी की जगी चमककर झाँकती !
कुहरा झीना और महीन, झर-झर पड़े अकासनीम
उजली-लालिम मालती गन्ध के डोरे डालती,
मन में दुबकी है हुलास ज्यों परछाईं हो चोर की–
तेरी बाट अगोरते ये आँखें हुईं चकोर की !

इलाहाबाद-लखनऊ (रेल में), 30 नवम्बर, 1947

सागर पर भोर

बहुत बड़ा है यह सागर का सूना
बहुत बड़ा यह ऊपर छाया औंधा खोखल।
असमंजस के एक और दिन पर, ओ सूरज,
क्यों, क्यों, क्यों यह तुम उग आए?

आटाभी (जापान), 21 दिसम्बर, 1957

रात में गाँव

झींगुरों की लोरियाँ
सुला गयी थीं गाँव को,
झोंपड़े हिंडोलों-सी झुला रही हैं
धीमे-धीमे
उजली कपासी धूम-डोरियाँ।

तोक्यो, (जापान), 18 सितम्बर, 1957

नीमाड़ : चैत

1

पेड़ अपनी-अपनी छाया को
आतप से
ओट देते
चुप-चाप खड़े हैं।

तपती हवा
उनके पत्ते झराती जाती है।

2

छाया को
झरते पत्ते
नहीं ढँकते,
पत्तों को ही
छाया छा लेती है।

नन्दा देवी-8

वह भी तो एक सुख है
(अपने ढंग का क्रियाशील)
कि चुप निहारा करूँ
तुम्हें
धीरे-धीरे खुलते!
तुम्हारी भुजा को बादलों के उबटन से
तुम्हारे बदन को हिम-नवनीत से
तुम्हारे विशद वक्ष को
धूप की धाराओं से धुलते!

यह भी तो एक योग है
कि मैं चुपचाप
सब कुछ भोगता हूँ
पाता हूँ
सुखों को,
निसर्ग के अगोचर प्रसादों को,
गहरे आनन्दों को
अपनाता हूँ;
पर सब कुछ को बाँहों में
समेटने के प्रयास में
स्वयं दे दिया जाता हूँ!

सितम्बर, 1972

नन्दा देवी-14

निचले
हर शिखर पर
देवल :
ऊपर
निराकार
तुम
केवल...

बिनसर, नवम्बर, 1972

अलाव

माघ : कोहरे में अंगार की सुलगन।
अलाव के ताव के घेरे के पार
सियार की आँखों की जलन

सन्नाटे में जब-तब चिनगी की चटकन
सब मुझे याद है : मैं थकता हूँ
पर चुकती नहीं मेरे भीतर की भटकन!

जितना तुम्हारा सच है

1

कहा सागर ने : चुप रहो!
मैं अपनी अबाधता जैसे सहता हूँ, अपनी मर्यादा तुम सहो।

जिसे बाँध तुम नहीं सकते
उस में अखिन्न मन बहो।
मौन भी अभिव्यंजना है : जितना तुम्हारा सच है, उतना ही कहो।
कहा नदी ने भी : नहीं, मत बोलो,
तुम्हारी आँखों की ज्योति से अधिक है चौंध जिस रूप की
उसका अवगुण्ठन मत खोलो
दीठ से टोह कर नहीं, मन के उन्मेष से
उसे जानो : उसे पकड़ो मत, उसी के हो लो।
कहा आकाश ने भी : नहीं, शब्द मत चाहो
दाता की स्पर्द्धा हो जहाँ, मन होता है मँगते का।
दे सकते हैं वही जो चुप, झुक कर ले लेते हैं।
आकांक्षा इतनी है, साधना भी लाये हो?
तुम नहीं व्याप सकते, तुममें जो व्यापा है उसी को निबाहो।

2

यही कहा पर्वत ने, यही घन-वन ने,
यही बोला झरना, यों कहा सुमन ने।
तितलियाँ, पतंगे, मोर और हिरने,
यही बोले सारस, ताल, खेत, कुएँ, झरने।
नगर के राज-पथ, चौबारे, अटारियाँ,
चीखती-चिल्लाती हुई दौड़ती जनाकुल गाड़ियाँ।
अग-जग एक मत! मैं भी सहमत हूँ।
मौन, नत हूँ।

तब कहता है फूल : अरे, तुम मेरे हो।
वन कहता है : वाह तुम मेरे मित्र हो।
नदी का उलाहना है : मुझे भूल जाओगे?
और भीड़-भरे राज-पथ का : बड़े तुम विचित्र हो!
सभी के अस्पष्ट समवेत को
अर्थ देता कहता है नभ : मैंने प्राण तुम्हें दिये हैं,
आकार तुम्हें दिया है, स्वयं भले मैं शून्य हूँ।
हम सब सब-कुछ, अपना, तुम्हारा, दोनों दे रहे हैं तुम को अनुक्षण;
अरे ओ क्षुद्र-मन!
और तुम हमको एक अपनी वाणी भी तो
सौंप नहीं सकते?

सौंपता हूँ।

एडिनबरा-लन्दन (रेल में), 28 अगस्त, 1955

तुम कदाचित् न भी जानो

मंजरी की गन्ध भारी हो गयी है
अलस है गुंजार भौंरे की—अलस और उदास।
क्लान्त पिक रह-रह तड़प कर कूकता है। जा रहा मधु-मास।
मुस्कराते रूप !
तुम कदाचित् न भी जानो— यह विदा है।

ओस-मधुकण : वस्त्र सारे सीझ कर श्लथ हो गये हैं।
रात के सहमे चिहुँकते बाल-खग अब निडर हो चुप हो गये हैं।
अटपटी लाली उषा की हुई प्रगल्भ, विभोर।
उमड़ती है लौ दिये की जा रहा है भोर।
ओ विहँसते रूप !
तुम कदाचित् न भी जानो— यह विदा है।

दिसम्बर, 1955

सागर-मुद्रा-8

यों मत छोड़ दो मुझे, सागर,
कहीं मुझे तोड़ दो, सागर,
कहीं मुझे तोड़ दो!
मेरी दीठ को और मेरे हिये को,
मेरी वासना को और मेरे मन को,
मेरे कर्म को और मेरे मर्म को,
मेरे चाहे को और मेरे जिये को
मुझको और मुझको और मुझको
कहीं मुझसे जोड़ दो!
यों मत छोड़ दो मुझे, सागर,
यों मत छोड़ दो।

बर्कले (कैलीफ़ोर्निया), 10-'69

सागर-मुद्रा-12

लहर पर लहर पर लहर पर लहर :
सागर, क्या तुम जानते हो कि तुम
क्या कहना चाहते हो ?
टकराहट, टकराहट, टकराहट :
पर तुम
तुमसे नहीं टकराते;
कुछ ही तुमसे टकराता है
और टूट जाता है जिसे तुमने नहीं
तोड़ा।

सागर :
पर पक्षी ऊपर ही ऊपर उड़ जाते हैं,
सागर
पर मछलियाँ नीचे ही नीचे तैरती हैं,
नावें, जहाज
पर वे सतह को ही चीरते हुए चले जाते हैं—
वह भी घाट से घाट तक।
सागर
देश और देश और देश, लहराता देश;
काल और काल और काल, उमड़ता काल :
कहाँ है तुम्हारी पहचान, सागर, कहाँ?

जहाँ धरा और आकाश मिलते हैं
जहाँ देश और काल
जहाँ सागर तल की मछली छटपटाकर उछलकर
वायु माँगती है
जहाँ आकाश का पक्षी सनसनाता गिरकर
नीर को चीरता है—
जहाँ नौका पतवार खोकर पलटकर तल की ओर

डूबने लगती है,
वहाँ, तब, देश और काल और अस्ति के उस
त्रियत सन्निपात की धार पर
तुम्हारी पहचान कौंधती है
और लय हो जाती है
कि तुम प्राण हो
कि तुम अन्न हो
कि तुम मृत्यु हो
कि तुम होते हो तो खो जाते हो, क्योंकि हम खोते हैं तो होते हैं।

लहर पर लहर पर लहर पर लहर :
सागर, तुम कुछ कहना नहीं चाहते
तुम होना चाहते हो...

हर लहर
टकरायी और टूट गयी
लहर पर लहर पर लहर—
अन्त नहीं, अन्त नहीं, अन्त नहीं...
चट्टान
सहती रही, रहती रही

फिर ढही तो
निःशेष—निःशेष—निःशेष...
लहर पर लहर पर लहर...

लहर पर लहर पर लहर,
कहाँ है वह संगीत
जिसके लिए प्रजापति की वाणी काँपी
वह अमृत
जिसके लिए सुरों-असुरों ने तुझे मथा?
चुक गयी क्या
पुराण की रूप-कथा :
तू क्या सदा से केवल भाप से जमता हुआ जल का कोष रहा,
तू क्या अग्नि की, रत्नों की, सुखों की,
प्रकाश के रहस्यों की खनि, देवत्व की योनि,

कभी न था, न था ?
लहर पर लहर पर लहर पर लहर...

रात होगी
जब तूफ़ान तुझे मथेगा
जब ऊपर और नीचे
ठोस और तरल और वायव
आग और पानी
बनने और मिटने के भेद लय हो जायेंगे :
तो क्या हुआ ? वही तो अस्ति है!
तूफ़ान ने मुझे भी मथा है और वह लय
मैंने भी पहचानी है।
छोटी ही है, पर सागर,
मेरी भी एक कहानी है...

सागर को प्रेम करना
मरण की प्रच्छन्न कामना है!
तो क्या?
मरण अनिवार्य है :
प्रेम
स्वच्छन्द वरण है :
प्रच्छन्न ही सही, सागर, मुझे कोई लज्जा नहीं—
न अपने रहस्य की न अपनी स्वच्छन्दता की :
आ तू, दोनों का साझा कर :
लहर पर लहर पर लहर पर लहर....

फरवरी, 1971

हमने पौधे से कहा

हमने पौधे से कहा : मित्र, हमें फूल दो।
उसकी फुनगी से चिनगियाँ दो फूटीं
डाली से उसने फूलझड़ी छोड़ दी :
हम मुग्ध देखते रहे कि कब कली फूटे–
कि कायश्री उसकी समीरण में झूम गयी,
हमें जान पड़ा, कहीं गन्ध की फुहारें झर रही हैं
और देखा सहसा :
लच्छा-सा डोंडियों का, गुच्छा एक फूल का
हम मुग्ध ताका किये।

किन्तु हम जो देखते थे क्या वह निर्माण था ?
गुच्छे हम नोंच लें परन्तु वही क्या सृष्टि है?
मिट्टी के नीचे, जहाँ एक बुदबुदाता अन्धकार था
कीड़े आँख-ओट कुलबुलाते थे
रिसता था जिसकी नस-नस में
मैल किस-किसका और कब-कब का
(काल की तो सीमा नहीं, देश की अगर हो
हम नहीं जानते :
और मैल दोनों का–
सीमाहीन काल का, व्यासहीन देश का–
माटी में रिसता है, मिसता है, सोखता ही रहता है)–
मिट्टी के नीचे बुदबुदाते अन्धकार में
पौधे की जड़ क्रियमाण थी :
पौधे का हाथ ? आँख ? जीभ ? त्वचा?
पौधे का बोध ? प्राण ? चेतना ?
मिट्टी के नीचे क्रियमाण थी
पौधे की जड़ : सृष्टि-शक्ति : आद्य मातृका।

ऊपर वह हँसता-सिहरता था
और हम देख-देख खिलते विहरते थे

किन्त वह अनुपल, अनुक्षण और, और गहरे
टोहता था बुदबुदाते उस अन्धकार में :
सड़ा दे दो, गला दे दो, पचा दे दो,
कचरा दो रख दो अशुच दो उच्छिष्ट दो—
वह तो है सृजन-रत : उसे सब रस है।
उसे सब रस है
और इस हेतु (हम जानें या न जानें यह)
हमें सारे फूल हैं,
घास-फूस, डाल-पात, लता-क्षुप,
ओषधि-वनस्पति, द्रुमाली, वन-वीथियाँ।
रूप-सत्य, रस-सत्य, गन्ध-सत्य,
रूप-शिव।

मित्र, हमें फूल दो—
हमने पौधे से कहा :
बन्धु, हमें काव्य दो।

किन्तु तुम (नभचारी!) मिट्टी की ओर मत देखना,
किन्तु तुम (गतिशील!) जड़ें मत छोड़ना,
किन्तु तुम (प्रकाश-सुत!) टोहना न कभी अन्धकार को,
किन्तु तुम (रससिद्ध!) कर्दम से नाता मत जोड़ना,
किन्तु तुम (स्वयम्भू!) पुष्टि की अपेक्षा मत रखना!

गहरे न जाना कहीं, आँचल बचाना सदा, दामन हमेशा पाक रखना,
पंकज-सा पंक में, कंज-पत्र में सलिल-सा
तुहिन की बूँद में प्रकम्प हेम-शिरा-सा असम्पृक्त रहना।
धाक रखना।
लाज रखना, नाम रखना, नाक रखना।

बन्धु, हमें काव्य दो,
सुन्दर दो, शिव दो, सार-सत्य दो,
किन्तु किन्तु
किन्तु किन्तु
किन्तु किन्तु—
हमने कवि से कहा।

दिल्ली, 23 नवम्बर, 1954

सम्पराय

हाँ, भाई,
वह राह
मुझे मिली थी;
कुहरे में जैसी दी मुझे दिखाई
मैंने नापी : धीर, अधीर, सहज, डगमग, द्रुत, धीरे—
आज जहाँ हूँ, वही वहाँ तक लायी।

यहाँ चुक गयी डगर :
उलहना नहीं, मानता हूँ पर
आज वहीं हूँ जहाँ कभी था—
एक कुहासे की देहरी पर :
दीख रहा है
पार
रूप—रूपायमान—रूपायित—
पहचाना कुछ : जिधर फिर बढ़ूँ—
धीर, अधीर, सहज, डगमग, द्रुत, धीरे,
हठ धर,
मन में भर
उछाह!

कौन कभी फिर लौट वहाँ आया, जिस पथ से
एक बार वह पार गया है?
नहीं, वहीं वहीं है कहीं और :
यह ठौर
नया है उतना ही जितनी यह राह,
कुहासा, देश-दिशा, यह समय-बिन्दु;
यह मैं भी :
सभी नया है—
नाता ही एक नहीं बदला :

वह एक खोजता राही
एक कुहासे की देहरी पर
लीक धरे पहचाने कुछ-कुछ की
बढ़ता हठ धर
अनजाने कुछ की ओर
भरे मन में उत्साह अतर्कित, निराधार!

रूप,
रूपायमान,
रूपायित।
यों गृहीत,
पहचाना।
फिर इसलिए अनृत
एकान्त झूठ!

वह कैसे होती यात्रा
जो पहुँच कर चुक जाती?
झूठा होगा वह तीर्थ
सरोवर, नदी, महासागर का जो न किनारा-भर होता।
जहाँ से अपने ही संकल्प
न बन जाते ललकार
नए अनजाने पानी में घुसने की।

ये सम्मुख फूल बहे जाते हैं :
पर क्या जाने वे किसके हैं?
क्या जाने वह डूबा, तैरा,
या तट पर ही फूल डालकर लौट गया?
या—क्या जाने?—ये फूल स्वयं उसकी भस्मी के ही
प्रतीक हैं?

यह भी हो सकता है
कोई इस देहरी पर ही बैठ रहे :
जो आयें उन्हें असीसे,
जायें तो, उन्हें बता दे वे पहचाने गलियारे
जो पार स्वयं वह कर आया।

हो सकता है : पर मेरे द्वारा नहीं–
अब नहीं।
मैं जिस देहरी पर हूँ
तीर्थ नहीं,
वह सम्पराय है।
हठ में कमी नहीं है,
मेरा संकल्प भी नहीं डगमग,
किन्तु (उलहना नहीं) मानता हूँ मैं–
मुझे पूछना है अब– और खोजता हूँ उसको जिससे
यह पूछ सकूँ–
'वह दीख रहा है पार मुझे,
वह बोलो,
उस तक जाने का क्या है उपाय–
है क्या उपाय?

रूप :
रूप,
रूपायमान,
रूपायित।
स्पृष्ट! अनृत।
प्रव्रजित!

और कहाँ तक यही अनुक्रम!
कितना और कुहासा
कितनी देहरियों पर कितनी ठोकर?
कितना हठ?
कितने-कितने मन–कितना उछाह?

है राह!
कुहासे तक ही नहीं, पार देहरी के। है।
मैं हूँ तो वह भी है,
तीर्थाटन को निकला हूँ
काँधे बाँधे हूँ लकड़ियाँ चिता की :

गाता जाता हूँ–
'है, पथ है :
वह जो रुक जाता है कूल-कूल पर बार-बार–
यों नहीं कि वह चुक जाता है :
पर तीर्थ यही तो होते हैं–
अनजाने–यद्यपि वांछित–सम्पराय :
हम होते ही रहते हैं वहाँ पार!'

नई दिल्ली, नवम्बर, 1964

सत्य तो बहुत मिले

खोज में जब निकल ही आया
सत्य तो बहुत मिले।

कुछ नये कुछ पुराने मिले, कुछ अपने कुछ बिराने मिले
कुछ दिखावे कुछ बहाने मिले, कुछ अकड़ू कुछ मुँह-चुराने मिले,
कुछ घुटे-मँजे सफ़ेदपोश मिले, कुछ दईमारे ख़ानाबदोश मिले।
कुछ ने लुभाया, कुछ न डराया
कुछ ने परचाया, कुछ ने भरमाया—
सत्य तो बहुत मिले
खोज में अब निकल ही आया।

कुछ पेड़ मिले कुछ खड़े मिले कुछ झड़े मिले कुछ सड़े मिले
कुछ निखरे कुछ बिखरे कुछ धुँधले कुछ सुथरे—
सब सत्य रहे— कहे, अनकहे।
खोज में जब निकल ही आया
सत्य तो बहुत मिले।

पर तुम—
नभ के तुम की गुहा-गह्वर के तुम, मोम के तुम, पत्थर के तुम—
तुम किसी देवता से नहीं निकले :
तुम मेरे साथ मेरे ही आँसू में गले, मेरे ही रक्त पर पले
अनुभव के दाह पर क्षण-क्षण उकसती
मेरी अशमित चिता पर तुम मेरे ही साथ जले।
तुम—
तुम्हें तो भस्म हो मैंने फिर अपनी भभूत में पाया।
अंग रमाया।
—तभी तो पाया।

खोज में जब निकल ही आया
सत्य तो बहुत मिले— एक ही पाया।

काशी (रेल में), 15 फ़रवरी, 1954

पराजय है याद

भोर बेला-नदी की घण्टियों का नाद।
चोट खाकर जग उठा सोया हुआ अवसाद।
नहीं, मुझको नहीं अपने दर्द का अभिमान—
मानता हूँ मैं पराजय है तुम्हारी याद!

काशी, 14 नवम्बर, 1946

उड़ चल, हारिल

उड़ चल, हारिल, लिये हाथ में यही अकेला ओछा तिनका।
ऊषा जाग उठी प्राची में-कैसी बाट, भरोसा किनका!

शक्ति रहे तेरे हाथों में-छूट न जाय यह चाह सृजन की;
शक्ति रहे तेरे हाथों में-रुक न जाय यह गति जीवन की!

ऊपर-ऊपर-ऊपर-ऊपर-बढ़ा चीरता चल दिङ्मंडल :
अनथक पंखों की चोटों से नभ में एक मचा दे हलचल!

तिनका? तेरे हाथों में है अमर एक रचना का साधन—
तिनका? तेरे पंजे में है विधना के प्राणों का स्पन्दन!

काँप न, यद्यपि दसों दिशा में तुझे शून्य नभ घेर रहा है,
रुक न, यद्यपि उपहास जगत् का तुझको पथ से हेर रहा है;

तू मिट्टी था, किन्तु आज मिट्टी को तूने बाँध लिया है,
तू था सृष्टि, किन्तु स्रष्टा का गुर तूने पहचान लिया है!

मिट्टी निश्चय है यथार्थ, पर क्या जीवन केवल मिट्टी है?
तू मिट्टी, पर मिट्टी से उठने की इच्छा किसने दी है?

आज उसी ऊर्ध्वंग ज्वाल का तू है दुर्निवार हरकारा
दृढ़ ध्वज-दण्ड बना यह तिनका सूने पथ का एक सहारा।

मिट्टी से जो छीन लिया है वह तज देना धर्म नहीं है;
जीवन-साधन की अवहेला कर्मवीर का कर्म नहीं है!

तिनका पथ की धूल, स्वयं तू है अनन्त की पावन धूली—
किन्तु आज तूने नभ-पथ में क्षण में बद्ध अमरता छू ली!

ऊषा जाग उठी प्राची में- आवाहन यह नूतन दिन का :
उड़ चल हारिल, लिये हाथ में एक अकेला पावन तिनका!

गुरदासपुर, 2 अक्टूबर, 1938